KB018467

생애 주기별 가족 이슈 처방전

가족의 사계

생애 주기별 가족 이슈 처방전

가족의 사계

엄정희 가족 칼럼

ⓑ 연합가족상담연구소

인생은 사계를
사는 것입니다

인생은 사계의 경험입니다.

봄, 여름, 가을, 그리고 겨울을 지납니다.

사계는 각각의 시련과 미학을 지닙니다.

그 사계의 아름다운 안내서가 태어났습니다.

엄정희 님이 그 사계의 가이드로 자원하셨습니다.

이 책에는 저자의 자전적 고백이 있습니다.

이 책에는 저자의 상담사로서의 지혜가 번뜩입니다.

이 책에는 저자의 폭넓은 독서를 통한 정보가 있습니다.

이 책에는 이론만이 아닌 적용의 뜰이 펼쳐지고 있습니다.

이 책을 손에 잡는 모든 이들의 행복한 미소가 보입니다.

사계의 중심에는 가족이 있습니다.
이 사계는 가족의 순례 이야기입니다.
가족들이 함께 손잡고 걷는 여행 이야기입니다.
가족들이 함께 손잡고 이 책을 읽는 모습을 그려 봅니다.
우리의 사계 여행은 좀 더 따뜻하고 복된 여정이 될 것입니다.

이 책을 손에 잡는 모든 이들의 여정을 축복합니다.

이동원 _지구촌교회 원로 목사, 국제 코스타 이사장

행복의 길로 이끄는 가족 비전 컨설팅

엄정희 교수와 이승한 회장은 청년의 꿈, 그리고 가정의 꿈을 세우는 비전컨설턴트로 명망이 높습니다. 두 분은 저서 《청춘을 디자인 하다》로 젊은이들과 소통하고 아프고 힘든 청춘들을 위해 응원과 희망의 메시지를 전달해 주셨습니다. 그 결과 수많은 청년 멘티들에게 멘토로서 존경받고 있습니다. 이 밖에도 부부가 서로 같은 곳을 바라보며 아름다운 항해를 할 수 있도록 돕는 부부 항해 안내서, 《17일간의 부부 항해 내비게이터》를 통하여 부부 관계의 핵심이 사랑이라는 감정이 아니라 노력에 있음을 일깨워줍니다.

가까이서 두 분을 지켜본 많은 이들이 이야기합니다. 역경과 고난의 길을 희망의 길로 바꾸며 함께 걸어온 과정을 책 속에 담았기에 그 감동이 두 배, 세 배로 전해진다고 말입니다. 지금도 두 분은 항상 서로의 꿈을 공유하고 서로를 응원하는 '비전의 계절'을 보내고 있습니다. 가족의 뜰에서 가족과 함께 사랑의 나무를 키워내기 위해서는 올바른 소통과 배려라는 거름이 항상 있어야 한다고 강조하십니다.

저자 엄정희 교수의 말처럼 사랑은 감정이나 느낌이 아니라 의지입니다. 알고 보면 사랑은 99%의 의지와 노력으로 이뤄집니다. 상대방과 내가 서로 다를 뿐인데 나와 다른 부분을 일방적으로 틀렸다고 볼 때가 많다는 것입니다. 부부가 서로 다를수록 그 가정이 성장하기에 서로 다름은 축복이고 보석이고 성장의 디딤돌이 된다는 것입니다.

부부 항해의 확장판인 《가족의 사계》에서는 가정의 행복에 꼭 필요한 비법이 무엇인지 확인할 수 있습니다. 가족 모두가 아름다운 항해를 하기 위해서 우리가 어떻게 해야 할지 알려줍니다. '가족'을 청소년기·청년기인 봄, 중년기인 여름, 장년기인 가을, 노년기인 겨울로 나눠서 어떻게 각각의 시기에 대처하고 행복한 가정을 이끌 수 있는지에 대한 가족 처방전을 내려줍니다.

이번 책은 가정의 행복한 미래를 꿈꾸는 많은 분들의 고민을 해결해 주는 지침서가 될 것입니다. 부부, 자녀 모두가 함께 이 책을 통해 가정마다 아름다운 가족의 사계를 펼쳐 나가시길 바랍니다.

이은주 _서울사이버대학교 총장

가족은 내 삶의 날개

사회학자들을 비롯해 많은 사람이 행복한 사회를 만들고 싶어 한다. 행복한 사회를 만들려면 사회의 기본 단위가 되는 가정이 행복해야 한다. 가정이 행복하려면 그 가정의 핵심가치가 되는 부부가 행복해야 한다. 그래서 결혼만족도는 사회 만족도와 연결된다.

그런데 우리가 몸담은 이 시대는 이혼율이 급격히 증가하고 있다. 미국의 경우 50년째 이혼율이 50% 이상을 웃돌고 있다. 우리나라도 만만치 않다. 미국에 이어 OECD 국가 중에서 이혼율이 2위다. 현재 우리나라 결혼 대비 이혼율은 33%를 상회한다. 친구를 만나 "작년에 결혼한 딸 잘 사느냐?"라고 물어보면 징역 2년이란다.

힘든 세상에서 가정이 정화소가 되어야 할 텐데 얼핏얼핏 보면 가정에서 더욱 오물을 뒤집어쓰는 경우가 있다. 가슴 아프다.

런던의 지도를 바꾸어 놓았다는 영국의 텐더 데일 호텔 화재 때다. 모든 사람이 살기 위해 필사적으로 호텔 밖을 빠져나오느라 아비규환이었다. 그 와중에 한 사람이 미친 듯이 반대 방향인 호텔 안쪽으로 달려 들어가고 있었다. 왜?

그 안에 사랑하는 가족이 있었기 때문이다. 내 생명을 대신 내어줄 만큼 사랑하는 대상이 있다는 것은 참으로 행복한 삶이다. 사랑받는 사람은 물론이고 생명보다 더 사랑하는 대상이 있는 그 사람도 엔도르핀이 매일 샘솟는 삶을 살게 된다.

그렇다. 주는 사랑이 더 행복한 곳, 된장찌개 하나 보글보글 끓여 놓고 알콩달콩 행복할 수 있는 곳이 가정이다. 내 삶에 날개를 달아 주는 힘, 그게 바로 가족이다. 가족 때문에 열심히 일하고, 가족 때문에 올바르게 살고 싶어 한다.

가족 상담가로서 상담 현장에서 여러 가지 문제를 만나게 된다. 그 결과 가정폭력, 성폭력, 학교폭력, 중독 등 모든 정신적 질병, 이 모든 괴물이 가정에서 만들어진다는 것을 알게 되었다.

〈삶〉

그래서 인간이 최초로 만나는 대상인 엄마와의 애착 관계가 건강해야 한다. 이 경험은 모든 대상과의 관계에 스키마(인지 도식)를 남기며 인간관계의 패턴을 예고한다.

엄마가 아이를 흥분시키는 대상이었다면 그 아이는 자라서도 끊임없이 흥분대상을 찾아다니고 내면은 늘 텅 비어 있다. 아무리 채워도 채워지지 않고 갈증만 느끼는 존재로 자란다고 한다. 도둑중독은 자기를 채워주지 못했던 어릴 적 자신의 엄마를 도둑질하는 것이란다.

최초의 만남인 엄마가 거절하는 대상이었다면 친밀감이 부족한 존재로 자라서 어떤 사람과도 깊은 관계를 맺지 못한다. 엄마가 만족스러운 대상이었다면 중심적인 자아를 가진, 건강한 사람으로 자란다.

건강한 가족을 이루어 가려면 양 기둥이 되는 부부관계가 건강해야 한다. 부부가 양 기둥으로서 잘 받쳐주어야 그 천막 안에서 자녀들이 심리적으로 안정을 찾고 힘차게 뛰놀며 건강하게 성장한다.

그동안 칼럼니스트로서 기고했던 가족에 대한 글들을 엮었다. 《가족의 사계》를 인생 주기별로 집필하면서 먼저 가족(부부)의 소중함에 대하여, 다음은 봄의 청소년 · 청년기, 여름의 중년기, 가을의 장년기, 겨울의 노년기 대해 함께 생각해 보고 싶다.

3년 동안 한국장학재단의 부부 멘토로 일하면서 청년기에 풀어야
할 네 가지 과제를 다룬 《청춘을 디자인하다》를 집필했다. 청소년기
의 꿈을 세우는 방법, 높은 꿈을 가질 때 필수적으로 따라오는 역경
의 의미에 대하여 함께 생각해 보았다. 별에 이르지 못하는 것이 불
행이 아니라 별을 가지지 못한 것이 불행이다. 아무리 순항이라도
꿈과 비전이 없는 항해는 표류하는 것이고 아무리 난항이라도 꿈과
정박할 항구가 있다면 그것은 항해다.

중년기에서는 어떤 가치를 붙잡아야 하는지, 장년기에서는 무엇
을 바라보아야 할지 함께 생각해 보고 싶다.

학문적 연구, 임상적 경험과 결혼 43년 차 개인적 경험을 담아 《17
일간의 부부 항해 내비게이터》를 집필한 적이 있다.
부부 적응의 17가지 이슈를 섬으로 표현해서 매일 한 섬씩 방문하
여 17일이 되면 행복의 항구에 안착한다는 이야기다.
항해는 70~80년 부부가 함께 가는 결혼생활과 너무 흡사하다. 비
전의 닻은 어디에 띄우며 돛은 어떤 방향으로 향하게 하며 노는 어
떻게 저으며 갑자기 불어 닥친 돌풍은 어떻게 막으며 숨어있는 암초

는 어떻게 피해가야 하는지 등의 문제가 그렇다.

끝으로 가족 주기 중에서 노년기에 대해 함께 생각해 보고 싶다. 2050년이 되면 우리나라 65세 인구가 전체 인구의 38%가 된다. 노년기가 행복해야 우리나라 사회 행복도가 높아진다. 93세의 빌리 그레이엄은 고백했다. "93세 지금이 최고의 황금의 계절이다. 산을 오를 때에는 보이지 않던 들풀까지 산을 내려오면서 보게 된다. 지금이야말로 황금의 계절이다."

노년기는 어떻게 받아들이고 준비하느냐에 따라 달라진다. 가족이 돕자.

"Earth Laughs in the Flowers." 에머슨의 시구처럼 장미 넝쿨 속에서 온 땅이 웃고 있다. 그 안에서 가족에 대하여 마음을 나눈 우리들이 해맑게 웃고 있다.

가족은 고향이고 햇볕이다. 그리고 날개다.

2018년 봄,
복합 문화 공간 〈BookSays〉 비전을 바라보며

엄정희

차례

봄
청소년/청년기 가족 이야기

여름
중년기 가족 이야기

가을
장년기 가족 이야기

겨울
노년기 가족 이야기

봄

청소년/청년기 가족 이야기

〈이동〉

해마다 봄이 되면

해마다 봄이 되면
어린 시절 그분의 말씀
항상 봄처럼 부지런해라
땅속에서 땅 위에서 공중에서
생명을 만드는 쉼 없는 작업
지금 내가 어린 벗에게 다시 하는 말이
항상 봄처럼 부지런해라

해마다 봄이 되면
어린 시절 어머님 말씀
항상 봄처럼 꿈을 지녀라
보이는 곳에서 보이지 않는 곳에서
생명을 생명답게 키우는 꿈
지금 내가 어린 벗에게 다시 하는 말이
항상 봄처럼 꿈을 지녀라

오, 해마다 봄이 되면
어린 시절 어머님 말씀
항상 봄처럼 새로워라
나뭇가지에서 물 위에서
둑에서 솟는 대지의 눈
지금 어린 벗에 다시 하는 말이
항상 봄처럼 새로워라

- 조병화

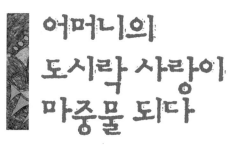

어머니의
도시락 사랑이
마중물 되다

초등학교 6학년 겨울방학이었다.

꽁꽁 언 고사리손을 호호 불고 다니던 그때 그 추운 겨울, 중학교 입시 경쟁이 치열했다.

돈암동에 있는 작은 초등학교에 다니던 시절, K여중을 갈 수 있다고 소문이 난 과외 그룹에서 공부를 했었다.

우리 집에서 안암동 과외하는 집까지는 걸어서 거의 한 시간이 걸렸다. 방학이라 아침부터 오후 늦게까지 과외공부를 했다.

추운 겨우내 어머니는 한 번도 내 손에 도시락을 쥐어 보내신 적이 없다. 입시 공부하는 딸에게 따뜻한 점심을 먹이고 싶으셔서 그

먼 길을 도시락을 싸서 추운 겨울 내내 왕복 두 시간을 걸어오셨다.

아흔 살이 되신 지금도 어머니 책상 앞에는 성경책과 시집이 늘 놓여있다. 시집을 일곱 권 출간하시며 여섯 딸을 꽃에 비유하여 시를 써 주셨다. 꽃꽂이 봉사 30년, 성만찬 봉사 10년, 성경을 100독 하시고, 좋은 성경 말씀을 필사하여 딸들에게 나누어 주던 어머니시다.

"그림자를 잘 만들려면 본체가 똑똑히 서야 한다." 하시며 열심히 사셨던 어머니, 내 삶의 스승이었던 어머니의 마중물 사랑은 내 삶을 버텨주던 힘이 되었다.

어머니의 도시락 사랑을 기억하면 새벽마다 딸을 위하여 기도하는 어머니의 기도를 감히 거역하지 못하는 내 모습을 본다.
"무릎 꿇는 사람은 그 어떤 사람보다도 멀리 볼 수 있다는데 우리 정희 무릎 꿇는 사람 되게 하옵소서."
"삼신의 사람 되게 하여 주옵소서. 하늘에는 신앙, 이웃에게는 신의, 자신에게는 신념의 사람 되게 하옵소서."
생명보다 사랑하던 아들을 하늘나라로 보내고 하루를 살아갈 힘이 없을 때 죽음이 삶보다 쉬워도, 한두 배가 아니고 일곱여덟 배 쉬웠다. 그러나 어머니께서 부어주신 도시락 사랑 때문에 감히 죽을 수 없었다.

어머니의 도시락 사랑이 마중물 되어 여덟 명의 친구들과 함께 무료로 상담하는 연합가족상담연구소를 여는 데 힘을 얻었다. 죽을 만큼 아픈 사람들을 돕는 그 시간이 뿌듯하다. 그들이 다시금 희망을 붙잡고 연구소를 나서는 모습을 보는 기쁨에 '곡식과 포도주가 풍성할 때보다 더하나이다.'라고 고백하게 된다.

어머니의 도시락 사랑이 내 마음에 햇살이 되었고 이제 그 햇살을 투명한 유리병에 담아 아픈 친구들에게 나누어 주게 된 것 같다.

꿈이 있을 때
가장 행복하다

아직도 쌀쌀한 이른 봄, 한국장학재단의 부부 멘토로서 여덟 명의 청춘 멘티를 만났다. 일 년 동안 네 가지 청춘의 고민(자아정체성, 삶에서 붙들어야 할 가치, 진로문제, 함께 가는 사람들과의 관계의 문제)에 대해 머리를 맞대고 대화했다. 작은 가르침 하나에도 멘티들은 크고 깊게 받아들였다. 그때를 생각하면 다시 가슴이 뛴다.

사람이란 꿈을 갖고, 그 꿈을 하나씩 실현해 나갈 때 가장 행복한 존재가 된다. 물론 꿈을 향한 항해에서 거친 폭풍과 암초를 만날 수도 있다.

그러나 청춘들이여, 그대들의 항해가 비록 험난해도 주눅 들지 않고 희망을 선택하기를 부탁한다. 도전의 항해에서 때론 실패해도 그것마저 삶에 소중한 영양분이 될 것이다.

멘토링 과정 중에 가장 행복한 시간은 바로 멘티들이 직접 발표하는 '꿈이야기 시간'이다. 꿈을 이루는 과정 중에 자신에게 맞는 직업을 고르는 일도 포함되어 있다. 직업 선택을 옷에 고르는 일에 비유하면서 모두가 꿈을 나눌 수 있는 즐거운 시간이 되었다. 꿈은 직업을 잘 고르는 일부터 시작된다.

첫 번째, 입어서 편안한 옷이다. 성격에 맞는 직업을 뜻한다. 너무 내향적이라면 가수가 될 수 없겠다. 그 직업에 종사했을 때 심리상태가 편안한지 그렇지 않을지가 선택의 중요 기준이 된다.

두 번째, 내가 평소에 입고 싶던 옷이다. 자신의 흥미에 맞는 직업을 뜻한다. 선생님이 될 기회가 생겼는데 정작 자신은 그 일에 흥미가 없다면 선생님이 되어선 안 될 것이다.

세 번째, 평소에 한 벌쯤 갖고 싶던 옷이다. 가치관에 맞는 직업을 뜻한다. 평소 헌신이나 봉사의 가치에 대해서 진지하게 생각해본 적이 없다면 봉사 단체에서 일할 기회가 생겼어도 잘할 수 없을 것이다.

네 번째, 내 돈으로 살 수 있는 옷이다. 자신의 능력으로 할 수 있는 직업을 뜻한다. 흥미나 가치관도 중요하지만, 그 일을 해낼 수 있는 능력을 갖추는 것이 우선이다.

마지막, 유행에 휩쓸리지 않으면서 유행에 뒤처지지 않는 옷이다. 전망이 있는 직업을 뜻한다. 시대가 변해도 지속할 수 있는 직업을 가져야 한다. 청춘들도 자신에게 맞는 옷을 고르는 것처럼 자신의 미래 직업을 찾아보는 것이 중요하다.

인간은 관계 안에서 온전해지는 존재

청년기의 풀어야 할 그다음 과제는 관계다.

관계를 맺는 것이 어색하고 때로는 불편할지 모르겠다. 하지만 우리는 관계 안에서만 온전해지는 존재다. 존 던의 시구처럼 모든 인간(人間)은 대륙(大陸)의 한 조각이며, 대양(大洋)의 일부다. 그 어느 누구도 하나의 섬이 될 수 없다.

관계는 여러 가지가 있다. 그중 청춘들이 가장 관심 갖는 것이 '이성 교제'다. 우리는 동성 친구보다 이성 친구를 통해서 자신의 장단점을 객관적으로 파악할 수 있다. 나도 몰랐던 나 자신을 발견하고 이성과의 관계 속에서 기쁨과 좌절을 경험하며 자신의 행동이 타인

자녀 안에 있는
보석을 캐는
광부가 되자

'가족은 내 삶의 날개'라는 주제 아래 행복한 부부 항해를 위한 팁 (TIP)을 함께 살펴보자. 행복한 부부 항해가 되려면 그 배에 탄 자녀가 행복해야 한다. 우리의 생활 양상이 수렵시대에서 농경시대를 거쳐 집터와 일터가 분리되는 산업화 시대로 진입하면서 특히, 여성까지 일터로 나가게 되었다. 그러면서 가정의 중요한 기능인 양육 기능이 많이 쇠퇴했다. 이러한 때에 자녀들이, 원근이 올바르게 투영된 인생의 그림을 그리게 하려면 어떤 가이드라인을 세워주어야 할까?

첫째, 스스로 생각하도록 사고력 지수를 높여야 한다

교육학자들은 교육의 목표를 사고하는 과정에의 초대(Invitation to

the reasoning process)라고 말한다. 진보된 사고 능력이 배양된다면 인생 항로에서 만나는 질풍노도를 쉽게 넘을 수 있다. 마음의 이치를 깨달은 자는 인생의 모든 고뇌에서 자유로울 수 있기 때문이다. 사고력은 다면적, 심층적 독서와 쓰기 학습의 최고봉인 일기 쓰기를 통해서 이루어진다. 올봄에 은퇴하는 남편을 위한 선물로 48년의 일기를 묶어 《오리의 일기》를 펴냈는데 일기 쓰기는 사고력 배양의 지름길이었음을 고백한다.

둘째, 부모가 아닌 자녀에게 맞는 적성을 찾아야 한다

자녀는 하나님께 부여받은 자신만의 달란트를 가지고 태어난다. 오른손으로 자기 이름을 써보라. 쉽게 쓸 수 있다. 이제는 왼손으로 자기 이름을 써보라. 아무리 노력해도 오른손보다는 잘 쓰지 못한다. 평생 자기가 잘할 수 있고 자기가 하고 싶은 일을 하고 산다면 그 사람은 진정 행복한 삶을 누릴 수 있다. 또한, 행복한 사람은 사회적 역할도 잘하고 타인도 따뜻하게 품어준다. 각각의 기질과 특성에 맞춘 PDP(Personal Development Program)를 권하고 싶다.

셋째, 비전을 바로 세울 수 있도록 도와주어야 한다

예를 들어서 자녀들을 아프리카의 빈민국에 함께 데려가 보자. 굶고, 병들고 비참하게 사는 그들의 모습을 보게 되면 우리 자녀들에게 '그들을 돕겠다'라는 비전이 생길 수 있다. 그러면서 그들을 도우려면 공부도 열심히 해야 하고, 덕성도 쌓아야 하고, 몸도 튼튼해야함을 깨닫는다. 그렇게 되면 지덕체 전인교육은 저절로 이루어진다. 인생은 꿈의 크기만큼 커진다는 것을 가르쳐야 한다. 능력은 꿈에 걸맞게 따라온다고 격려해 주라(Your Ability will Grow to Match your Dreams).

넷째, 봉사를 삶의 한 부분으로 가르친다

미국 최고의 명문 필립스 아카데미(Philip's Academy)의 교훈은 "자신만을 위하여가 아닌 삶(Not for self)"이다. 딸아이 졸업식에 참석하기 위해 하버드 대학교를 방문한 적이 있다. 하버드 대학교 입구에는 '지혜에서 자라도록 이 문으로 들어가라.'라고 쓰여 있다. 그리고 출구에는 '조국과 인류에게 봉사하기 위해 이 문을 나가라.'라고 쓰여 있다. 세계적 명문은 다르다고 느꼈다. 교육의 과제는 개인적 자아(personal self)에서 공적인 자아(impersonal self)로 나가게 하는 것이다.

다섯째, 어떤 일에도 포기하지 않는 역경 지수를 높여야 한다

미국 역사상 가장 사랑받는 대통령 링컨, 영국 역사상 가장 존경받는 정복왕인 알프레드 대왕의 일생을 통해 봐도 역경이 축복임을 알 수 있다. 알프레드 대왕은 무자비한 바이킹들을 굴복시켰다. 그는 전쟁에서 승리하면 성전을 짓고 성서를 번역하며 복지 정책을 폈다. 바이킹들은 싸우지도 않고 "당신의 그 위대한 지도력으로 우리를 다스려달라."며 백기를 들고 나왔단다. 그가 영국의 내로라하는 왕 중에서 가장 존경받는 왕이 될 수 있었던 이유는 자신의 삶에 불어 닥친 역경과 결혼식 날 처음으로 발병한 간질보다도 더 무서운 병명 미상의 질병 때문이었다고 한다.

여섯째, 가족의 소중함을 가르쳐야 한다

세계 46개국을 상대로 1981년부터 4회에 걸쳐 실시한 세계 가치관 조사(World Values Survey)를 보면 '행복에 결정적 영향을 미치는 BIG 7' 중에서 가족은 단연 1위다. 나는 딸과 사위에게 종종 말한다. 아니 나 자신에게 종종 말한다. 세상 모든 사람이 우리에게 존경과 찬사를 보내도 내 남편, 내 아내가 인정해 주지 않는다면, 그 삶은 공허하다고 말이다.

자녀들은 원가족의 보따리를 가지고 결혼한다. 어린 시절의 행복한 가정의 모습은 '내부 작업 모델'이 되어 다음 세대로 전수된다. 어린 시절에 형성된 내면적 표상과 행동 양식은 개인의 삶 속에서 끈질기게 반복된다. 따라서 부부의 행복한 모습을 보여주는 것이야말로 자녀에게 남겨줄 최대의 유산이다.

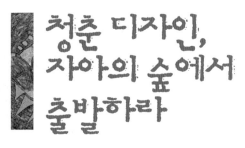

청춘 디자인, 자아의 숲에서 출발하라

꿈을 세우기 위해서는 제일 먼저 '나는 누구인가?' 하는 자아정체성의 문제를 풀어야 한다.

"여러분은 자신을 어떤 사람이라고 생각합니까?"

멘티들에게 이 질문을 던지면 대부분 당혹스러운 표정을 짓는다. 우리는 '나는 누구인가?' 하는 자아정체성에 관한 질문에 진지하게 답하는 시간을 가져본 적이 별로 없다. 공부를 열심히 해서 시험 성적을 잘 받으면 그만이라고 생각하기 때문이다. 하지만 이 질문에 제대로 대답하지 않으면 아름다운 인생을 설계하거나 멋진 인생을 살아갈 수 없다. 인생의 주체이자 출발점인 '나'에 대해 깊고 폭넓게 이해하는 과정을 생략한 채 미래를 꿈꾸겠다는 것은 어불성설이다.

어떤 멘티가 나에게 메일을 보냈다. 사춘기와 학창시절을 아주 순탄하게 보낸 학생이다. 그 학생은 원하던 대학에 입학했지만, 언제부턴가 마음이 답답하고 종종 멍한 상태가 되었다. 앞으로의 인생을 그려본 어느 날, 아무것도 보이지 않는다는 사실을 깨달았다. 도서관에 다니며 공부를 하고 졸업과 취업을 하는 것까지는 대충 상상할 수 있었지만 5년 뒤, 10년 뒤의 인생을 구체적으로 그려보려니 뚜렷한 게 없었다. 그러자 오늘 하루를 열심히 사는 것도, 경쟁해서 이기는 것도 아무런 의미 없는 날이 되었다.

청춘을 디자인하기 위해서는 자아의 숲에서 나를 발견하면서 출발해야 한다.

지금이라도 100자 원고지에 내 삶의 가장 절실한 주제를 적어보기 바란다.

정현종 시인의 〈방문객〉이라는 시에는 "사람이 온다는 건 실은 어마어마한 일이다. 한 사람의 인생이 오기 때문이다."라는 구절이 있다. 우리 한 사람 한 사람은 어마어마한 존재다. 인간의 내면은 우주처럼 크고 넓으며 복잡하고 알 수 없다. 드넓은 우리 내면에 무의식의 영역이 있다. 언뜻 짐작하기에 무의식보다 의식의 영역이 더 넓을 것 같다. 하지만 정신분석학의 창시자인 프로이트는 "무의식이

망망대해라면 의식은 그 안에 작은 섬에 불과하다."라고 말했다. 무의식은 본능적이고 고통스러운 것들로 가득한 영역이며, 불변성, 역동성, 비논리성, 회귀성을 나타내는 영역이다.

우리 내면의 상처를 치유하고 긍정적 자아상을 채워 넣고 싶다면 의식이 아닌 무의식의 세계를 들여다봐야 한다.

청춘이여!
내 안에 있는 거짓된 가짜 자아를 밀어내고 진짜 자아로 채우라.

상처받은 내면 아이(wounded inner child)를 치유하기 위해서는 성인이 된 자아가 어버이가 되어 내 안의 어린아이를 보듬어 주어야 한다. 더 적극적인 방법은 거짓된 가짜 자아를 밀어내고 그 자리에 긍정적인 진짜 자아상을 채우는 것이다.

긍정적 자아를 만드는 다섯 가지의 지침을 제시한다.

첫째, 항상 자기 자신을 사랑한다.
자신을 사랑해야 남을 사랑하는 에너지도 생기고, 자기 자신과 평화롭게 지낼 때 타인과 평화로울 수 있다.

둘째, 자신의 성공 각본을 생생하게 그린다.

존경하는 인물의 삶을 벤치마킹해 인생의 성공 각본을 쓰면 내 꿈이 무엇인지 내가 누구인지 알게 된다.

셋째, 무슨 일이든 부정적으로 보지 말고 긍정적 시각으로 바라본다. 컵에 물이 반밖에 남지 않았다가 아니라 반이나 남았다고 생각하라!

세상의 모든 사물은 보는 이의 시각에 따라 서로 다른 의미를 지닐 수 있다. 장미를 볼 것인가, 가시를 볼 것인가. 깜깜한 하늘을 볼 것인가, 그 하늘에 떠있는 별을 볼 것인가.

넷째, 상처와 시련이 오히려 인생의 디딤돌이 되게 한다.

복효근 시인은 '잘 익은 상처에서는 꽃냄새가 난다'고 했다. '상처와 시련을 무릅쓰고'가 아니라 '상처와 시련 때문에' 크게 도약할 수 있었다고 고백하도록 노력하자.

사지가 없이 태어난 닉 부이치치의 인생은 세상 모든 불행을 모아 놓은 불행의 종합세트 같았다. 그렇지만 그는 삶을 바라보는 시각을 전환해 자살하려는 수많은 청소년을 구하고 아파하는 사람을 다시 세우는 이 시대 최고의 치유자가 되었다.

다섯째, "내가 나를 포기하지 않는 한 나는 무엇이든 할 수 있다."고 자기암시요법을 사용해 보라.

아침마다 이렇게 외쳐라. "나는 무엇이든 할 수 있다!"

나라는 존재는 이 세상에 단 하나인 유일한 존재다. 그 누구도 나를 대신할 수 없다. 그것 하나만으로도 여러분은 소중한 존재다. 역경이 와도 주눅 들지 말고 당당히 나가라.

《레이첼의 커피》라는 작품에서 핀다는 이렇게 말한다. "우리 인생은 갈등을 찾으면 갈등을 만날 수밖에 없다. 세상을 골육상쟁의 장으로 보면 덩치 큰 개를 만나게 된다."

나 자신과 세상을 아름답게 만드는 비밀은 바로 자신에게 달려 있다. 내가 누구인가를 고민하고 꿈이 없어 고민하는 것은 잘못이 아니다. 나 자신을 찾아가는 여행, 긍정적 시각으로 나를 보는 일, 이것이 청춘의 시작이다.

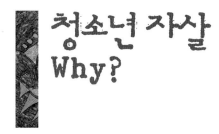

청소년 자살 Why?

우리나라 청소년 행복지수는 세계 22위로 OECD 국가에서 꼴찌를 달린다. 세계에서 가장 열악한 수준이다.

다음은 초등학교 5학년이 인터넷에 올린 글이다. "나는 교복이라는 죄수복을 입고 수인의 명찰을 달고 죄수의 슬리퍼를 신고 학교라는 감옥에서 출옥만을 손꼽아 기다린다."

청소년 자살 원인을 살펴보면, 왕따 문화와 학교폭력, 부모와의 갈등과 가정불화, 성적에 대한 과민 반응이다.

첫째, 왕따 문화, 견딜 수 없는 친구와의 관계

"친구들이 나를 왕따시키고 개 줄을 목에 메고 개같이 끌고 다녔다."는 어린 중학생의 가슴 아픈 고백을 들은 적이 있다.

청소년은 혼자라는 고립감을 견딜 수 없을 때 자살을 선택한다고 한다. 밥상머리 교육에서 부모가, 교실에서 교사가 공동체교육을 강화해야 한다. 함께 가야 웃는 세상이 된다는 것, 그 누구도 하나의 섬이 될 수 없으며 다만 대륙의 일부라는 것을 어려서부터 가르쳐서 왕따 문화가 발을 붙일 수 없도록 해야 하겠다.

둘째, 부모와의 갈등과 가정불화

어떤 부모가 독초를 만들고 어떤 부모가 거목을 만드는가?

사랑하는 아버지와 어머니의, 전쟁터를 방불케 하는 부부싸움의 전장을 더는 볼 수 없어서 삶의 끈을 놓는다는 아들의 유서는 우리 가슴을 멍들게 한다.

부모의 권위는 매가 아니라 지혜다. 어려서부터 자녀에게 있는 보석을 캐내어 주는 광부가 되자. '행동은 말보다 더 크게 말한다(Action Speaks Louder than Words).'고 했던가? 삶 자체가 본이 되는 부모가 되자.

셋째, 성적에 대한 과민 반응과 교사와의 관계

좋은 성적표를 가지고 오라는 어머니의 성화를 더는 견뎌 낼 힘이 없다. 아무리 노력해도 어머니가 원하는 성적을 받을 수 없어 죽음만이 답이었다는 아직도 푸르고 푸른 젊은 생명의 절규를 우리는 듣고 있다.

교사와의 갈등도 문제다.

교사의 자질 교육, 참교육의 실현이 절실하다. 이 땅의 교사들이여! 교사는 어버이라는 다짐이 되어 있는지 묻고 싶다.

한 존재 한 존재가 조물주의 소중한 작품이다. 그런데 학생을 성적 순으로 보는 교사의 시각이 문제다. 이 땅의 청소년 44%가 과중한 학업 스트레스로 자살을 생각한다고 한다. 청소년 자살이 거의 없는 영국에서는 오후 3시면 수업을 마친다. 방과 후 학원도 없고 과외도 없다. 이것이 실현되려면 박사 졸업생이나 고교 졸업생 생활수준이 비슷해져야 할 것이다. 이를 위해 국가와 국민이 노력해야 한다.

청소년의 자살을 예방하는 처방을 알아보자.

1. 자살의 개인적인 원인을 찾아라.

2. 자살 고위험군 청소년의 안전에 초미적 관심을 가지고 자살 충동을 느꼈을 때 접촉할 수 있는 기관의 순서를 정해놓아라.
3. 가족 대화와 미팅으로 소통의 장을 열어라.
4. 문제해결 능력을 가르쳐라.
5. '이 고통이 영원할 것이다.', '죽으면 모든 것이 끝날 것이다.'와 같은 자살에 대한 비합리적인 신념을 타파하라.
6. 병리적 자기애가 아니라 건강한 자기애를 길러 주라. 반영해 주는 자기 대상(Mirroring Selfobject)이 되어 총애의 빛을 던져주라. 이상화 자기대상(Idealizing Selfobject)이 되어 주어 이상화된 부모상이 심리적 기둥이 되게 하라. 쌍둥이 자기대상(Twinship Selfobject)이 되어 주어 혼자가 아님을 느끼해 해주라.

자살하는 사람은 자신을 무가치, 무능력, 사랑받지 못하는 존재 즉, 3무(無)라고 믿는다. 이러한 비합리적인 신념이 틀렸다는 증거를 가능한 한 많이 찾아주어야 한다.

청소년이 자살하는 나이가 점점 낮아지는 이즈음 정부도 다음과 같은 청소년 자살의 변인을 밝혔다. 바로 우울증, 절망감, 자존감의 실추(자존감 낮으면 아무리 성공해도 불행한 삶을 살게 된다), 가족력, 가족 응집력, 자녀에 대한 알맞은 관심, 학대 가정, 부모의 불화, 학교의 지지, 정신질환 유무 등이다.

뒤늦게나마 정부가 청소년 자살 현황에 대해서 아픔을 표하고 관심을 보여주는 것이 다행이다. 자살 예방은 융합적인 접근이 필요하다. 앞으로 더욱 근원적인 해결법을 찾을 수 있을 것이다.

그러기 위해서는 유대인 교육의 요체를 이루는 비전 교육, 적성 교육, 인성 교육, 공동체 교육, 밥상머리 교육이 필요하다. 그중에서도 비전 교육이 절실하다. "꿈이 있으면 어떠한 어려움도 극복할 수 있다."고 니체는 말했다. 삶의 이유가 있는 사람은 삶의 어떤 어려움도 견뎌낼 수 있다.

사랑하는 조국이 청소년 자살률 1위 국가의 오명을 썼다. 이를 빨리 벗어나기 위해서라도 청소년 개개인이 비전과 꿈을 붙잡는 비전 빌더(Vision Builder)가 될 수 있도록 돕자.

# 리더(Reader)는 리더(Leader)가 된다

보육원에서 자라서 세계적인 여성 리더가 된 오프라 윈프리에게 "당신을 이렇게 만들어 준 원동력은 무엇인가요?"라고 기자가 물었다. 그녀는 서슴지 않고 대답했다. "하나는 신앙이고 또 하나는 독서클럽입니다."

사람을 변화시키는 것은 힘든 작업이다. 혹자는 "사람을 변화시키려고 하지 마라. 자신 이외에는 그 누구도 변화시키기가 어렵다."고 말한다. 그럼에도 사람을 변화시키는 네 가지 도구가 있다. 환경, 영성 훈련, 사람, 책이다.

내 인생 전체를 보지 않더라고, 한 2년 후의 나의 모습은 '내가 그간 어떤 사람을 만났나?' 또, '어떤 책을 읽었나?'에 좌우된다. 만나는 사람과 책을 통해 인생을 바라보는 시각, 즉 세상을 내다보는 선글라스의 색이 바뀐다.

재직하고 있는 학과의 학생들에게 "독서 치료의 이론과 실제"라는 제목으로 공개 특강을 했다. 그리고 그들과의 약속을 지키느라 선착순 열 명과 함께 1년간 독서클럽을 운영했다.

첫 번째로 선정한 책이 《레이첼의 커피》인데 그저 한 권의 책이지만 그 책을 읽고 나서 나는 많이 달라졌다.

"주는 것이 바로 성공의 핵심"이라는 주제를 담고 있는 책에서 설명하고 있는 성공의 법칙 몇 가지를 소개한다.

첫째, 가치의 법칙이다. 당신의 진정한 가치는 자신이 받는 대가보다 얼마나 많은 가치를 제공하느냐에 따라 결정된다.

둘째, 보상의 법칙이다. 당신이 얼마만큼 얻을 것인지를 결정해주는 법칙이다. 당신이 받는 보상은 당신이 얼마나 많은 사람에게 영향을 미치는지에 비례한다. 이 법칙에서 당신이 얻을 수 있는 것에는 한계가 없다. 언제나 봉사하고 도울 사람을 찾을 수 있기 때문이다.

셋째, 영향력의 법칙이다. 타인의 이익을 얼마나 우선시하느냐에 따라 당신의 영향력이 결정된다. 상대방에게 50:50의 전략을 버리고 100%를 주라! 상대방이 이기도록 상대방의 성공에 100% 집중하는 것이 이기는 것이다.

그 외 이 책은 갈등을 찾으면 갈등을 만날 것이고, 세상을 골육상쟁의 장으로 본다면 나를 희생양으로 보는 덩치 큰 개를 만날 수밖에 없다고 말한다. 사람들로부터 가장 좋은 면을 찾으면 그들이 얼마나 많은 재능, 독창성, 배려, 선량함을 지녔는지 알게 되고 그러면 아마 깜짝 놀랄 것이라고 역설한다.

이 책을 통해 내가 얼마나 많은 박수를 받는가에 내 삶의 질(quality)이 좌우되는 것이 아니라 내가 얼마나 많은 사람을 섬기고 세워주는가에 따라 내 삶의 질이 좌우된다는 것을 다시 깨달았다.

책은 낯선 사람을 만나게 해주며 인간 이해의 폭을 넓혀준다. 김형경이 쓴 《좋은 이별》이라는 책을 읽고 카뮈의 《이방인》에 나오는 뫼르소의 방황과 카사노바가 조증에 시달린 근거를 알게 됐다. 어머

〈눈 eye〉

니가 죽은 날, 자책하는 뫼르소는 자신이 자신을 처벌할 수 없으니 사법부가 자신을 처벌했으면 하는 목마름으로 범죄를 저지르게 되었음을 알게 됐다.

카사노바의 어머니는 연극배우였는데 어린 카사노바를 외가에 맡기고 세계를 누빈다. 엄마의 사랑에 목마른 카사노바, 영아기의 과제인 어머니와의 애착 관계를 맺지 못한 그는 절대 채워지지 않는 공허함으로 이 여자 저 여자를 전전하며 방황한다. 책을 통해 그의 방황의 뿌리를 알게 되었다.

마음의 이치를 깨달은 자는 인생의 고뇌에서 벗어날 수 있다고 했으니 인간을 이해하게 되면 섭섭함도 미움도 던져버릴 수 있는 것 같다.

독서는 좋은 정보를 준다. 현대는 정보의 시대다. 정보의 홍수에 떠다니는 통나무의 모습이 우리 모습이다. 사람이 많아도 진정한 사람이 없어서 등불을 들고 사람을 찾아다닌 디오게네스의 모습과 같다. 홍수 때 물은 많아도 먹을 물이 없는 것이다. 하지만 책은 올바르고 좋은 정보를 접하게 해준다.

어떤 교수가, 기술적인 의학만 존재하던 시기에 의사와 환자가 인격적으로 만나야 한다고 주장한 의사이자 심리학자인 폴 투르니에의 저서,《여성의 미션*La Mission de la Femme*》이라는 책을 읽고 여성을 재평가하게 된다. 여성은 남성에게 부족한 인격 리더십이 있음을 알게 된다. 그 후 사랑하는 아내의 재능이 책 읽기인 것을 발견하고 월급을 저축해 아내에게 독서클럽을 하라고 오피스텔을 얻어준다. 십수 년 후 아내의 독서클럽은 발전해서 수많은 회원의 치유와 성장을 돕는다. 간호학 학사 학위만 있는 아내는 여러 대학에서 독서치료 강사로 활동하고 있다. 한 권의 책이 한 인생을, 한 가정을 변화시킨 것이다.

독서는 우리를 관계하는 인간으로 만들어 준다. 제프 딕슨이 쓴 글귀처럼 '달에 갔다 왔지만 길을 건너가 이웃을 만나기가 더 힘들어진 세상'이다. 그러나 친구도 가족도 독서클럽으로 같은 책을 읽고 마음을 나누면 깊게 만날 수 있다. 5등급 대화가 아니라 1등급 대화, 내면의 깊은 갈망 등을 나누는 명품대화를 하고 관계하는 인간으로 서게 된다.

책을 통해 내면의 자기와 깊게 만날 수 있다. 폴 틸리히(Paul Tillich)는 타락에는 신과의 분리, 이웃과의 분리, 자신과의 분리가 있다고 했다. 책을 통해 이웃과 소통하는 고리를 만들고 자신의 내면과 깊이 만나는 행운을 얻었으면 한다.

조부모와 손자녀 관계도 독서클럽으로 풀면 좋다. 손자녀가 어렸을 땐 동화책을 읽어주고 손자녀의 성장에 따라 그에 맞는 필독서를 사주며, 다 읽으면 그 책의 감상을 물어봐 주고 그 책에 대해 서로 이야기하면 관계를 개선하는 데 좋다.

독서하며 사고의 늪에 빠지는 시간이 나는 편안하다. 책은 분주한 나의 일상에서 나를 불러내어 생각하는 인간으로 만들어 준다. 독서는 우리를 생각하는 인간으로 만들어 주며 생각의 깊이를 깊게 하고, 넓이를 넓혀 준다.

책 읽는 사람(Reader)은 지도자(Leader)가 된다. 책을 통해 생각을 바꾸고 실천으로 옮기고 세상을 변화시킬 수 있기 때문이다. 변혁은 한 사람에게서 온다. 좋은 책은 인생 항해의 좋은 내비게이터가 된다. 내비게이터 지시대로 따라가면서 실천할 때 우리는 사회 변혁을 일으킬 수 있다.

나는 책을 읽을 때 가장 행복하고 큰 휴식을 경험한다. 또, 책은 한여름 냉수처럼 내 마른 영혼을 해갈시켜 준다. 세상 때가 묻어 오염되어 가는 내 영혼을 위한 정화소를 제공해 준다. 그래서 책은 나의 가장 좋은 친구다.

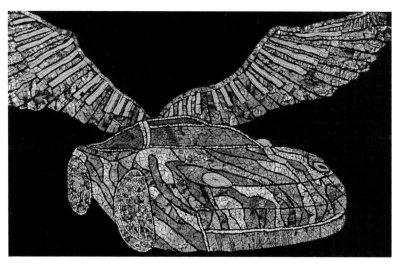

〈Xcar〉

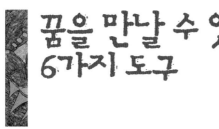

꿈을 만날 수 있는 6가지 도구

죽을 만큼 아파하며 3포(취업 포기, 결혼 포기, 출산 포기)의 시대를 살아야 하는 이 땅의 젊은이를 생각하면 가슴이 미어진다. 그러나 역사의 고난기에도 우리 선조 청년들은 도전했고 버텨 나갔다.

오늘의 자포자기형 젊은이들을 볼 때 안타깝고 나약하다는 생각이 든다.

청년기는 백세 시대의 시계로 따지면 아직 새벽 5시다. 큰 꿈을 가져라. 능력은 꿈에 걸맞게 따라온다.

꿈이 있으면 물기 머금은 꽃잎이 살아나듯, 그대 청년들이 살아날 것이다.

청년들이여, 힘들어도 꿈을 품고 다시 일어나라!

꿈을 가슴 가득 품고 비전을 향해 갈 때 시각의 전환을 맞을 수 있다. 안데르센의 삶이 그랬다. 안데르센은 창녀 어머니와 포주 할머니, 알코올중독자 아버지 밑에서 자랐다. 이런 그는 자신이 삶을 불행하게 보지 않고 시각을 전환해 주옥같이 아름다운 동화를 내놓았다.

닉 부이치치도 그랬다. 팔과 다리가 없는 인생이지만 죽을 만큼 아픈 이 시대에, 이 지구라는 별에, 그만큼 치유의 영향력을 끼치는 존재가 누가 또 있을까?

세잔의 삶 또한 그랬다. 화가로서 작품을 그릴 수 없을 정도로 약화된 시력으로 초점 없이 그린 작품이 큐비즘의 시작이 되었다.

강영우 박사는 열네 살에 축구공에 맞아서 망막박리로 시력을 잃고 가족이 흩어져 고아가 됐다. 하지만 미 연방정부 최고 공직자까지 오르고 국제로터리 인권상을 받으며 수많은 시력 장애인들의 정신적 지주가 됐다.

몇 해 전 이 땅을 떠나면서 그는 유언장을 통해서 '장애에도 불구하고'가 아니라 '장애 때문에 성공했다'라고 고백했다.

그들은 의지로 어려움을 이겨내고 고통받는 사람을 위해서 헌신할 각오로 부르심 앞에 섰다.

그러면 청년들이 꿈을 만나도록 돕는 여섯 가지 도구를 소개한다.

첫째, 독서다.

요즘 젊은이들은 컴퓨터와 텔레비전에 많은 시간을 빼앗긴다. 그러다 보니 검색은 잘하지만 사색은 서툴다. 이것이 젊은이의 현 모습이다. 독서는 낯선 사람을 만나게 해준다. 열 권이면 열 명의 간접 경험을 통해서 지혜를 선물 받게 된다. 세계관, 가치관의 변화를 경험하게 된다. 독서로 꿈을 키우자.

둘째, 일기다.

길게 쓰지 않아도, 맞춤법이 틀려도, 글씨체가 예쁘지 않아도 좋다. 필자의 경우, 48년째 일기를 쓰고 있다. 일기 쓰는 습관이 주는 혜택은 열 손가락으로도 헤아리기 힘들 정도다. 일기를 쓰니 하워드 가드너가 말하는 여덟 가지 다중지능 중에서 인간관계 지능(interpersonal intelligence), 자기성찰 지능(intrapersonal intelligence)이 많이 향상됐다. 지피지기면 백전백승이라고 했던가. 일기 쓰기 덕분으로 관계를 잘 이루며 나에게 맞는 꿈을 세워 갈 수 있었다.

셋째, 대화다.

대화할 친구를 곁에 둔다는 것은 또 다른 인생을 하나 더 공유하는 것이다. 길거리 대화가 아니라 침실 대화 같은 깊은 대화를 나누는 열 명의 친구가 있다면, 열 배로 풍부한 인생을 경험할 수 있다.

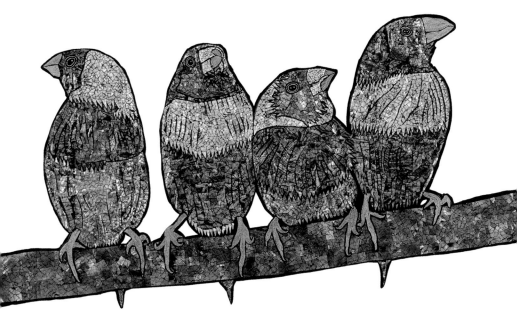

〈유유상종〉

대화를 통해서 성장과 자아를 발견하고 꿈에 한 발짝 성큼 다가가 있는 자신과 만나게 될 것이다.

넷째, 여행이다.

작가 한비야는 《그건 사랑이었네》라는 책에서 '여행은 길 위의 학교'라고 했다. 여행 경비가 걱정이라면 무전여행이라도 떠나라. 20대의 여행은 더할 나위 없이 좋다. 보는 풍경, 만나는 사람, 멋진 순간들, 이 모든 것이 젊은 그대들이 흡수하고 꿈을 키울 수 있는 소중한 것들이다.

다섯째, 봉사다.

교육의 과제는 개인적 자아(personal self)에서 공적 자아(impersonal self)로 나아가는 것이라고 했다. 봉사의 기쁨에 흠뻑 취해 보라. 몸은 힘들지만 머리와 가슴을 즐겁게 해주는 보람의 기쁨을 맛보고 봉사의 터에서 인생의 큰 꿈을 만날 수 있다.

마지막으로 사랑이다.

누구를 사랑한다는 것은 그 사람 속에 있는 미와 선을 알아보는 것이리라. 한 달도 못 가는 시한부 연애가 아니라 우리 영혼을 성장시켜 주는 진짜 사랑을 반드시 해보라. 그 보화를 발견하면 세상이 다르게 보이고 어느새 크게 자란 꿈을 가진 그대와 마주할 것이다.

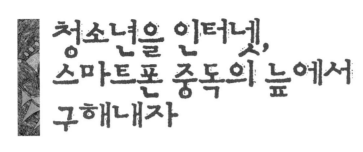

청소년을 인터넷, 스마트폰 중독의 늪에서 구해내자

  국내 청소년의 인터넷 중독률은 성인의 두 배다. 프로게이머는 청소년의 우상이 되고 있다. 또래 모임에 끼지 못하고 부모님과도 대화도 없이 자란 외톨이 철수는 게임 안, 가상 세계에서만은 환호를 받는다. 잔소리하는 사람도 없어 그곳을 자꾸 찾게 된다. 철수는 밤새 인터넷 게임을 하느라 온몸의 진이 다 빠진다. 새벽에야 잠들어서 아침에는 일어나지도 못하고 결국 학교에도 가지 못한다.

  소중한 가족이자 미래의 주인인 청소년 자녀를 앗아가는 인터넷 중독, 스마트폰 중독의 과정과 원인, 진단과 해법을 함께 생각해 보자.

인터넷 중독이란 접속하지 않았을 때도 접속했을 때의 경험에서 벗어나지 못하고 인터넷 사용에 더 많은 시간을 할애해야 만족하는 상태를 말한다. 이들 인터넷 중독자들은 인터넷 사용을 중단하려 하지만, 번번이 실패한다. 인터넷을 사용하지 못하면 불안해하고 짜증을 내고 우울감을 느끼며 인터넷 사용을 가족에게 감추려 한다. 또한 인터넷 과다 사용으로 학교, 회사, 가정에의 현실적응이 어려워진다.

중독의 과정을 살펴보면 호기심-충동성-강박성으로 옮겨간다.

1단계, 인터넷에 빠져든다.

맞벌이 부부인 철수 엄마는 자녀를 돌보지 못해 그 미안함을 보상하고자 모뎀을 사준다. 철수는 이 모뎀을 컴퓨터에 달면서 접속의 길을 열었다. 철수는 특별히 관심을 끄는 온라인 사이트를 발견하고 인터넷에 빠져들기 시작한다.

2단계, 인터넷을 통해 대리만족을 얻는다.

학교에서도 집에서도 철수는 외톨이다. 하지만 인터넷 게임상에서는 며칠 안에 친구를 만나게 된다. 철수는 화려한 인터페이스에 상호반응이 빠른 가상세계 생활에 신나서 현실 세계에는 좀처럼 진입하고 싶지 않고 일상을 무시하게 된다.

3단계. 현실탈출이다.

대리 만족을 얻기 위해 더 자주, 더 오래 인터넷 공동체에 들어간다. 인터넷 게임을 하면 외로움도 스트레스도 잊을 수 있다. 철수는 현실 세계와 삶에서 탈출하고 싶어 한다.

4단계. 학교생활이 어렵게 된다.

학교생활의 변화로는 인터넷 게임으로 수업시간에 잠을 자고, 학교성적이 떨어지고 친구들이 하는 말에 흥미가 없어진다. 게임상에서 전지전능하던 내가 현실에서의 내가 되어 친구들에게 폭력을 행사하고 명령하며 게임상의 언어를 쓴다. 친구를 만나지 않고 취미활동에도 관심이 없어진다.

5단계. 가정생활에 적응하지 못한다.

줄임말, 난폭한 언어, 게임용어 등을 쓰며 가족이 알아듣지 못하는 말을 쓴다. 이런 말로 다른 사람과 구분되는 것에 뿌듯해한다. 가족과 보내는 시간이 줄어들며 가족과도 소원해지고 부모에게 불복종하며 심하면 가출한다. 식음을 전폐하고 씻지도 않고 인터넷에 몰두하고 현실과 사이버 세상을 구분하지 못하고 혼란을 경험한다. 인터넷을 못 하게 되면 심각한 불안, 초조, 짜증, 분노를 경험하고 폭력적인 말과 행동을 보이는 등, 감정 조절에 어려움을 겪는다. 가족 갈등이나 대인관계 문제가 빈번하게 발생하고 학사경고를 받거나, 주변 사람을 전혀 고려하지 않아 사회적인 임무를 수행하지 못한다. 대인관계에서 어려움을 보여 소극적이 되고, 내성적인 성격이 되고, 충동적이고, 공격적이며 기분의 변화가 잦아진다. 또한 ADHD 60%, 우울이나 양극성장애 같은 기분장애 35%, 불안장애 12%의 증상을 수반하기도 한다.

6단계 건강이 급격히 악화된다.

신체적 증상을 살펴보면 중독으로 인한 설문조사에서 신체 증상 있음이 71.9%로 나타난다. 주요 증상으로는 수면장애 45%, 안구건조증, 시력저하 43.1%, 손목, 허리 통증 41.3%, 디지털 치매 28.1%, 만성피로 14.5% 등이다. 밤을 새워 인터넷을 사용하므로 일상생활 주기(circadian rhythm)가 교란된다. 불규칙한 식사로 영양실조, 혹은 운동부족과 과식으로 인한 체중증가, 혈압상승, 심장마비, 돌연사 등이 나타나기도 한다.

인터넷 중독의 원인으로는 개인 심리적인 원인과 가정 환경적 원인, 사회적 원인이 있다.

개인 심리적인 원인은 소외감, 고독, 낮은 자존감, 내성적 기질, 자아 정체감 미흡, 불안, 우울, 충동성, 공격성, 자극추구 등이 있다.

가정 환경적인 원인은 소통 부재, 부모의 양육 태도, 한부모 가족이면 아버지의 부재, 모성에 대한 갈망(Mother Hunger) 등이다. 한부모 가정 자녀의 인터넷 중독 발생률은 22.3%이며 정상 가정 자녀의 인터넷 중독률 13.4%에 비해서 훨씬 높다. 학교, 또래집단에서의 원인으로는 친구들의 대화에 끼고 싶고 학업으로 인한 스트레스를 해소하고 싶은 욕구가 원인이 된다. 교실에서는 인정받지 못하지만 사이버 세상에서는 자신을 과시하며 만족감을 얻을 수 있기 때문이다.

사회적 원인으로는 진학, 취업 등 심한 스트레스, 대안 놀이의 부족, 올바른 사용 문화 미흡 등이다. 인터넷 게임의 특성에서 원인을 찾을 수도 있다. 인터넷의 익명성, 상호작용성, 다기능, 보상, 즉시 반응, 중독성, 흥미로운 영상, 편리한 인터페이스, 판타지 속성이 원인으로 꼽힌다.

인터넷 중독에 대한 해법으로 환경의 변화를 제안한다.

아이 한 명을 키우는 데는 마을 하나가 필요하다. 지지체계로 가족, 선생님, 친구, 단체, 상담센터 등이 전방위 협력을 구축해야 한다. 게임회사는 피로도 시스템을 도입하고 정부는 법적 규제로 인터넷 중독 예방 교육을 의무화하며 신데렐라법(0시~6시)을 통해서 한밤중에는 접속이 되지 않도록 해야 한다. 또 PC방은 청소년 PC방 출입 금지 시간(오후 10시~오전 9시)을 준수해야 한다.

인터넷 중독을 예방하는 10가지 처방

1. 컴퓨터는 공개된 장소에 설치하고 가족과 협의해 사용 시간을 정한다.
2. 시간 관리 소프트웨어를 설치하고 컴퓨터 옆에 알람시계를 둔다.
3. 인터넷보다 더욱 갈망하는 대안과 꿈(비전, 취미, 봉사)을 찾도록 돕는다.
4. 자녀와의 소통에 힘쓰고 자녀의 관심사, 고민을 들어주고 자녀와 함께 여가 활동을 한다.
5. 인터넷 사용 시간, 내용을 조절하는 프로그램(greeninet.dr.kr)을 활용한다. 게임 사용 시간 조회, 유해 사이트 차단, 메신저 차단, 접속 내용 조회 등의 기능을 이용할 수 있다.
6. 정서가 풍요로워지도록 자연 감상, 고전음악 감상, 악기 연주를 장려하고 위인전을 통해서 롤모델을 찾도록 돕는다.
7. 학교생활에도 관심을 갖고 자녀의 친구들이 누구인지 알고 소외감을 느끼지 않는지 파악하며 학교생활에 소속감을 느끼도록

돕는다.

8. 자녀에게 중요한 다른 사람을 연결해 보고 자녀 일정의 시간 배치를 변경해 본다.

9. 자녀가 다니는 PC방 주인과 자주 연락한다.

10. 행복한 부부생활을 본으로 보여 준다.

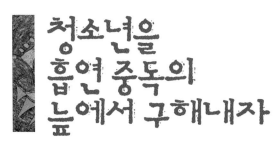

청소년을 흡연 중독의 늪에서 구해내자

하늘도 바람도 아름다운 봄이 왔다.

이 아름다운 봄날에 흡연으로 고통받는 가족을 보면 가슴이 아프다. 숨 쉬는 것조차 힘들고 입이 있어도 말할 수 없는 가족이 내 옆에 있는데 어떻게 봄을 느낄 수 있을까?

암으로 사망하는 환자 중에 폐암이 가장 많다. 폐암 원인의 90%가 흡연이다. 담배에는 40여 가지 발암 물질이 있다. 흡연으로 유전자 변형이 일어나고 암세포가 생성된다. 흡연할 때 발생하는 타르는 죽음을 부르고, 담뱃잎 보존 처리 과정에서 니트로사민의 농도가 상승해 건강을 위협한다.

청소년기는 불안정하고 호기심이 많고 신체 발달이 완성되지 않은 시기다. 또 흡연에 대한 정확한 지식이 부족하다. 그러나 높은 성인 흡연율로 흡연 환경에 쉽게 노출되어 있다. 호기심으로 흡연의 늪에 빠지게 되면 흡연 문제가 가정 문제, 학교 문제, 사회 문제로 이어진다. 이제는 청소년의 흡연교육이 절실한 시기다.

청소년, 흡연에 유혹되고 있다

성인의 흡연, 담배 회사의 과도한 마케팅 활동으로 사람들의 흡연 시기가 빨라지고 있다. 담배도 쉽게 구할 수 있다. 성인 담배 판매율이 낮아지면서 담배 회사는 새로운 고객을 창출하기 위하여 청소년 흡연을 최대 목표로 삼고 있다. 어려서부터 담배에 중독되면 평생 담배에서 벗어나기 어려워 주요 구매자가 되기 때문이다. 담배 회사들은 사회 복지, 스포츠 행사 후원 등으로 회사 이미지를 좋게 하여 청소년을 유인해 미래 고객으로 유치할 전략을 짜고 있다. 또한, 영화 등 미디어에서 흡연자를 멋있게 묘사하는 등, 사회문화적으로도 청소년이 흡연에 익숙해지도록 유도하고 있다.

흡연은 삶의 기쁨을 앗아가는 괴물이다

흡연의 폐해는 고통스러운 호흡, 견디기 힘든 지독한 입 냄새뿐 아니다. 폐 질환, 심장 질환, 뇌 질환, 치과 질환, 말초신경에 이상

〈내 머리 어디에〉

이 생겨서 급기야 손발을 절단해야 하는 버거씨병에 이르기까지 다양하다. 이처럼 흡연은 청소년의 삶에서 기쁨을 앗아가는 괴물이다.

담배의 성분은 마약이다

담배는 니코틴이 들어간 마약이다. 의존성을 비교해 보면 니코틴-해로인-코카인-알코올-카페인-마리화나 순이다. 한번 흡연 중독의 늪에 빠지면 니코틴에 의지하지 않고는 살 수 없다. 니코틴은 여섯 개의 성분 중에서 독성 5위, 금단 증상 3위, 내성은 2위를 차지한다. 흡연은 마약이다. 중독성이 강하지만 치유가 가능한 만성 질병이기도 하다. 따라서 흡연 중독은 반드시 치유될 수 있다.

13가지 금연 수칙

1. 아침에 일어나 제일 먼저 물을 마신다. 일상생활에서도 물을 마시면 흡연 욕구를 진정시키는 데 도움이 된다. 차가운 물보다 미지근한 물이 좋다.
2. 식사 후에는 과일을 먹고 담배가 생각날 때마다 양치질을 한다.
3. 과식이나 기름기 음식은 흡연을 부르니 삼간다.
4. 호박씨, 해바라기 씨를 벗겨서 먹는다.
5. 담배 대용품으로 감초, 계피, 다시마를 먹는다.
6. 맑은 공기를 마시고 심호흡을 자주 한다.

7. 주변 사람들에게 금연 의지를 강하게 알리고 금연을 약속한다.

8. 처음부터 거창한 계획을 세우지 말고 하루, 이틀 단위로 시작해서 점차 기간을 늘린다.

9. 몰두할 수 있는 취미를 갖는다.

10. 담배를 사려고 했던 돈을 따로 모은다. 금연의 보상심리가 충족된다.

11. 흡연자를 멀리하며 카페인이 함유된 음료수와 술을 멀리한다.

12. 니코틴을 씻어내는 과일을 충분히 섭취한다.

13. 운동, 스트레칭, 목욕을 하면서 몸을 많이 움직인다.

간접흡연은 가족들에게 폐렴, 기관지염, 기침, 가래, 중이염, 집중력 저하 및 과잉행동 장애(ADHD)를 일으킨다. 흡연자가 내뿜는 담배 연기인 부류연을 함께 마시기 때문이다. 부류연은 실내 흡연 연기의 80%를 차지한다. 흡연자 부인의 폐암 발생 확률은 비흡연자 부인보다 10~27% 높다고 한다. 사랑하는 가족을 위해서라도 금연하자.

중국 한나라 말기에 화타라는 명의가 있었다. 그는 삼국지의 관우와 조조를 치유했다고 한다. 깊은 병을 고친다는 사람들의 칭찬에 화타는 "아닙니다. 저희 작은형이 저보다 명의입니다. 저는 병이 깊

어진 후에 고치지만 작은형은 병이 깊어지기 전에 치료합니다. 그러
나 큰형은 더욱 명의입니다. 사람의 안색을 보아 병이 들어오기 전
에 치료합니다." 하고 말했다.

사랑하는 가족을 잘 관찰하여 흡연 중독에 빠지기 전에, 아니 흡
연을 하기 전에 예방하자.

〈끌림〉

여름
중년기 가족 이야기

〈세상은 넓다〉

아름다운 동행

세상에 뿌려진 수많은 별 중에
억겁을 돌아서 만난 소중한 인연이
사랑이 전부였던 연인 사이에서
사랑만이 전부가 아닌 부부가 된다.

이제 손을 맞잡고,
같은 곳을 바라보며
해와 나무로, 발과 그림자로
수평선 너머까지
함께 가야 할 길에는
꽃향기 가득 찬
행복의 길도 있겠지만
길목마다 매복된 비바람도,
가시밭길도,
몰아치는 파도도 넘어야 할 길이다.

기쁠 때보다 슬플 때
건강할 때보다 병들었을 때
풍요할 때보다 가난할 때
더 주고 싶은 사랑 품으며 가는 길
봄 햇살 길이 따사로운 동행이다.
눈물같이 아름다운 동행이다.

– 목필균

가슴에 행복을 달아주는 팁

매일 감사 노트를 기록하면 행복해진다

하루의 삶이 얼마나 성공했는가를 측정하는 바로미터가 있다. 오늘, 얼마나 감사했는가다.

10대부터 80대까지 다양한 내담자를 만나는 요즘, 사면초가로 많이 힘들어하는 내담자를 만나면 그 어떤 조언이나 마음을 담은 경청도 얼어붙은 그의 마음을 녹일 수 없을 때가 있다. 그럴 때 딱 한 가지 효과를 보는 게 감사 테라피다. 고독, 원망, 상실감, 분노 등으로 가득 찬 가슴 속 어둠을 몰아 내는 상담 기법은 감사 테라피라는 빛이다. "이렇게 힘들어도 볼 수 있는 눈이 있지 않으냐, 사랑하는 가족이 건강하지 않으냐." 하며 감사 제목을 찾도록 도와주곤 한다.

빛은 어둠을 몰아낸다. 감사의 빛을 쏘면 빛 앞에서 어둠은 저항하지 못하고 마음의 변방으로 쫓겨 간다. 매일 저녁, 식탁에서 가족과 함께 그날 가장 감사한 일을 몇 개씩 나누고 기록해 보자. 어느덧 행복이 내 사랑하는 가족의 가슴 안에 찾아와 있을 것이다.

꿈을 가지고 다니면 행복해진다

사람은 자기가 하고 싶은 일을 할 때 행복하다고 한다. 요즘 여덟 명의 친구와 함께 무료 상담소를 열어 활동하고 있는데 참 행복하다. 무너지는 가정을 위한 홈 빌더, 꿈이 없어 힘들어하는 청소년을 위한 비전 빌더, 고령화 시대를 맞아 4고(고독의 고, 육체적인 고, 경제적인 고, 무위의 고)로 죽을 만큼 아파하는 노년을 위한 실버 빌더의 꿈을 품고 무료 상담을 하고 있다. 어릴 적 채송화밭에서의 꿈, 별이 쏟아지는 별 무리 밭에서 꾸던 꿈을 향해 달려가고 있다.

내담자가 희망을 다시 찾고 상담실 문을 나서는 것을 보는 기쁨은 값으로 측정하기 어렵다. "나무 위에서 떨어지는 새 한 마리를 다시 나무 위에 올려 줄 수 있다면 내 삶은 헛되지 않으리." 에밀리 디킨슨의 시구가 귓가에 들려오면서 행복의 빛이 가슴을 가득 채운다. 그렇다. 가족의 삶의 주기마다 비전을 높이 띄우며 가슴 속의 별을 향하여 날아가자. 그러면 어느새 행복의 파랑새가 가슴 속 하늘을 날고 있을 것이다.

사랑의 대상이 있으면 행복하게 된다

세상의 모든 단어를 다 지워도 단 한 가지 지울 수 없는 것은 '사랑'이라고 했던가. 영국의 지도를 바꾸어 놓았다는 런던 텐더 데일 호텔 화재 때 일이다. 모든 사람이 불타는 호텔을 빠져나오느라 아비규환이었다. 그런데 한 사람이 미친 듯이 반대 방향으로 불타는 호텔 안으로 달려가고 있었다. 왜일까? 그 안에 사랑하는 딸이 있기 때문이다. 사랑에는 죽음도 초월하는 엄청난 힘이 있다. 자신의 생명보다 더욱 사랑하는 존재가 있는 사람은 행복한 사람이다. 사랑의 대상이 있으면 많은 슬픔을 잊게 하고 죽었던 가지가 다시 생명을 움트게 된다.

친척 동생이 아들을 잃고 생을 완전히 포기할 정도로 힘든 지경이 되었다. 그런 동생이 새벽 기도를 하러 다니기 시작하고 얼마 후, 먹을 것을 얻지 못해 죽어가는 고양이를 만났다. 자기가 아니면 굶을 수밖에 없는 그 고양이를 위해 그는 새벽에 다 죽어가는 육체를 추스르고 고양이에게 빵을 주러 나갔다. 그리고 한 달 후 그는 가족의 허락을 받아 고양이를 집으로 데려오게 됐다. 그 후 삶을 포기한 듯했던 그가 고양이와의 우정으로 조금씩 삶에 대한 의욕을 회복했다.

사랑의 대상이 있다는 사실만으로 온 가족의 삶이 행복으로 다시 채워지기 시작한 것이다.

배우고 익히는 기쁨은 행복을 가져온다

공자가 말한 세 가지 기쁨 중 하나가 공부다. '학이시습지 불역열호(學而時習之 不亦說乎)'라고 했다. 나이 쉰여섯에 대학원 박사 과정에 입학해 간절하게 하고 싶던 상담학을 공부했다. 그 시절에 나를 사로잡던 공부에 대한 기쁨이 새롭다. 남편은 '자라 보고 놀란 가슴 솥뚜껑 보고 놀란다.'고 병력이 만만치 않은 내가 박사 공부를 하는 것을 원하지 않았다. 합격 통지를 받은 후에 각서를 쓰고 간신히 허락받아 공부를 시작했다. 그래서 그런지 학교를 가는 날 아침에는 일찍 일어나 밥을 해놓고 책가방 메고 집을 나서는 기쁨이 컸다. 세상의 그 어떤 말과 글로도 그 기쁨을 표현할 수 없었다.

요즘 이얼산 중국어 학원 강남점에서 중국어를 배우고 있는데 그 행복 또한 경이롭다. 클래스 친구들의 평균 연령은 스물세 살 정도다. 오가는 지하철에서 중국어로 가상 대화와 큐티묵상을 하면서 큰 기쁨을 얻는다. 내 전공인 상담을 중국인에게 직접 그들의 언어로 하는 날을 그려보면 어느새 행복의 요정들이 내 마음의 정원에서 뛰논다. 그렇다. 학이시습지 불역열호, 배우고 때때로 익히니 어찌 즐겁지 아니

한가. 전공이든 취미든 끊임없이 공부하자. 행복해지기 위해서.

반외팔목(盤外八目)의 눈을 가질 때 행복하다

직접 바둑을 두는 사람보다 옆에서 훈수를 두는 사람이 더 잘 본다는 말이다. 하늘 높이 올라 지상을 내려다보면 50층 건물이나 단층집이나 모두 작게 보인다. 내 삶을 멀리서, 높은 곳에서 관조하는 반외팔목의 눈이 있을 때 행복해진다. 내 삶을 조망(overview)해보자.

사치 열병을 앓고 있는 이 어둠의 시대에, 존재보다 소유를 앞세우는 도착의 시대에서 삶을 경쟁 구도로 보지 않을 때, 비교의식에서 벗어날 때, 마음의 집에 따뜻한 행복의 햇살이 비칠 것이다. 주어진 삶의 여정에서 순간순간 하나님 앞에서 최선을 다했다면 결과에 대해서는 자유로워지자. 삶의 목표는 성공이 아니라 성실이다.

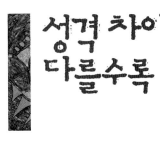

성격 차이,
다를수록 보물

에밀 부트루는 현대 사회가 직면한 최대 위기는 가족해체 현상이라 했다.

가화만사성(家和萬事成), 가정이 편해야 모든 것이 잘 된다. 그런데 안타깝게도 많은 가정이 화를 내고 있다. 배우자를 향해 가화만사성(家火萬事成), 분노를 품고 살아간다.

먼저 남녀의 성차를 이해하라

로렌스 크랩은 그의 저서 《결혼 건축가》에서 "결혼 문제의 가장 큰 원인이 대화에 있다면 둘째 원인은 단연 성(性)이다."라고 말했다. 결혼 적응에서 성이 얼마나 중요한지 역설한 것이다.

성의 창시자는 하나님이며, 성은 아름다운 사랑의 도구다. 그 아름다운 도구를 지혜롭게 사용하려면 성생활의 테크닉도 연구 과제지만 무엇보다 먼저 성차를 인식해야 한다.

남성은 섹스하기 위해서 관계를 맺고, 여성은 관계를 갖기 위해 섹스를 한다는 말이 있다. 이처럼 남성은 일 지향적이며 여성은 관계 지향적이다. 남성은 객관적인 데 반해 여성은 주관적이다. 남성은 시각적인 데 반해 여성은 청각적이다. 그래서 아내의 귓전에 들려주는 남편의 격려 한 마디는 아내의 고된 피로를 풀어주기에 충분하다.

경제학에서 말하는 20:80의 파레토 법칙이 남녀의 성차에도 적용된다고 한다. 남성은 여성의 존재를 자기 생활의 20% 비중으로 생각하는 데 반해 여성은 남성의 존재를 80% 비중으로 생각한다는 것이다.

남성은 보고 형식의 대화, 소위 리포트 토크(Report Talk)를 하지만 여성은 공감 위주의 대화, 라포 토크(Rapport Talk)를 지향한다. 친밀감에 이르는 방식도 남성은 일이나 운동 등을 통해서 친밀감을 쌓고 여성은 대화와 섬김을 통해 친밀감을 쌓는다. 결론부터 듣고 싶어하는 남편과 서론이 긴 아내, 또 현실적 남편과 꿈꾸는 아내의 차이를 이해해야 한다.

여행의 길목에서 모닥불이 밝혀진 황토 레스토랑에 남편과 아내가 들어갔다.

"모닥불이 참 예쁘네요." 아내의 말에 레스토랑을 휘휘 둘러보며 던지는 남편의 말은, "이 레스토랑, 건축 허가 받은 거야?"

이렇게 남편과 아내는 서로 다르다.

성격 차이를 성장의 디딤돌로 만들라

한 새댁이 화가 나서 부부 상담가인 나를 찾아와서 하는 말이, "엄 교수님, 제 성격은 좋은데 제 신랑의 성격은 개떡이에요."였다.

에니어그램 성격 분석에서는 성격을 1~9까지의 숫자로 표기한다. 왜일까? 숫자는 가치중립이기 때문이다. 그 어떤 성격도 다른 성격보다 우월하지 않고 그 어떤 성격도 다른 성격보다 열등하지 않다는 명제를 시사하는 것이다. 자신의 성격은 좋고 신랑의 성격은 개떡이라는 새댁의 말은 어불성설이다. 신랑의 성격이 그녀와 다를 뿐 (different), 틀린 것(wrong)이 아니다.

사고형은 논리가 없고 앞뒤가 맞지 않은 감정형을 이해하지 못하고, 감정형은 원리 원칙밖에 모르는 사고형이 차갑고 인정머리 없다고 비난한다. 내향형은 외향형의 수다가 귀찮고 외향형은 건성으로 듣는 내향형의 태도가 섭섭하다.

　우리 집을 예로 들어보자. 우리 집은 혁신가형(ENTP) 남편과 과학
자형(INTJ) 아내가 만나 결혼했다. 우리 부부의 상호작용을 보면 전
형적인 외향형(E형)인 남편은 활동이 많아서 리더십과 경영 성과를
인정받아 매스컴에 보도가 많이 되는 편이다. 내향형(I형)이라서 집
에 머무는 시간이 많은 나는 그러한 남편의 신문 보도 기사 등을 파
일로 만들어 준다. 스물여덟 살부터 예순여덟 살까지 만든 것이 60
매짜리 파일로 16권이 됐다. 남편이 발전하는 모습을 스크랩해 주니
그가 비전을 붙잡고 나가는 데 도움이 된 것 같다.

　극단적 인식형(P형)인 남편은 '정돈의 미숙함'을 보여준다. 다양성
을 즐기는 남편은 온갖 서적과 서류, 팸플릿 등을 집으로 가져와서
늘어놓는다. 그 바람에 책상과 테이블은 항상 마감 직전 신문사 편
집장실 분위기다. 신혼 초에는 남편의 어지럽히는 성격이 내심 불만
이었으나, 그 기질은 내가 고쳐야 하는 부분이 아니라 용납해야 할
부분이라고 생각을 바꿨다. 그랬더니 부부의 기질적인 차이를 즐기
게 됐다.

　어려서부터 '정돈벽'이라는 별명이 붙을 정도로 극단적인 판단·
계획형(J형)인 나는 치우고 정돈하는 데 도사다. 아무리 남편이 늘어
놓고 출근해도 5분이면 곧 손님을 맞이할 것처럼 깔끔하게 정돈해

놓는다. 이래서 자신의 재능을 창과 칼로 쓰지 말고 쟁기로 쓰라고 했던가?

극단적 인식형(P형)인 남편은 단조로운 것을 싫어하며 다양함을 추구한다. 그래서 음악, 미술, 건축, 도예, 원예 등 취미가 많다. 대학을 다닐 때 내 음악 수준은 〈밤을 잊은 그대에게〉 라디오 프로그램으로 가요 감상 정도였다. 그러나 43년간 남편이 모든 장르의 음악을 틀어대는 통에 '서당 개 3년에 풍월을 읊는다.'라는 옛말처럼 이제는 음악에 눈을 뜬 것 같다. 아니, 음악 없는 삶은 상상할 수 없는 정도가 됐다. 모범생에 한 길밖에 모르는 내가 다양한 취미를 가진 남편을 만나 미술, 음악, 건축 등 많은 부분에 조예가 생겼다. 그래서 "당신은 내가 될 수 있는 것보다 훨씬 높이 나를 이끌어 주었습니다(You raise me up more than I can be)."하고 고백하게 되었다.

내 삶의 여정에서 나와 너무 다른 남편을 만난 것이 축복이고 보석이다. 남편은 '대한민국 베스트 CEO'에 뽑혔다. 물론 하나님의 은혜다. 우리 둘이 너무 달랐기 때문에, 서로 다른 기질로 보완했기 때문에 지금의 우리가 되었다고 자신 있게 이야기할 수 있다. 다를수록 찰떡궁합이다.

아내의 궁술로 남편의 창검술을 방어하라

부부가 갈등을 일으키는 상황에서도 남성과 여성은 뚜렷한 차이를 나타낸다. 남성은 '테스토스테론'이라는 남성 호르몬의 영향으로 급한 성향을 보인다. 이때 아내가 잠시만 참으면 유리한 고지에 설 수 있고, 남편도 아내도 모두 윈윈(winwin)할 수 있다. 또한 가정의 화목도 얻을 수 있다.

다시 말하면 남편은 '창검술' 기질이라 막 휘두른다. 그때 아내는 잠깐 뒤로 물러가 조준 거리를 잘 맞춘 후 궁술로 쏘면 정조준하게 된다. 나의 남편도 무척 성격이 급하다. 그런데 내가 딱 3분만 참으면 나의 이야기가 다 먹혀들어 간다. 이런 경험을 수없이 했다.

성격 차이를 성장의 디딤돌로 삼으며 성차를 배운다면 아파치 인디언의 결혼 축시 "더는 추워하지 않으리. 더는 비 맞지 않으리."처럼 축복으로 탄생한 가정에서 오들오들 떠는 일은 없을 것이다.

〈토끼 등을 탄 거북〉

첫사랑의
기억을 회복하라

처음으로 하늘을 나는 어린 새처럼

처음으로 땅을 밟는 새싹처럼

우리는 하루가 저무는 겨울 저녁에도

마치 아침처럼, 새봄처럼, 처음처럼

언제나 새날을 시작하고 있다.

누군가의 시구(詩句)처럼 우리는 모두 첫사랑을 간직하고 싶어 한다. 오늘날 핵가족화되면서, 결혼 생활은 도구적 역할보다 정서적 역할이 더욱 중요해졌다. 결혼의 정서적 역할이 중요해지면서 부부 간의 친밀감이 결혼 적응에 중요한 요인으로 부상했다.

결혼 생활에 적응하는 데 중요한 두 가지 요소를 부부 역할과 친밀감으로 볼 때, 부부가 함께 살아가는 햇수가 길수록 친밀감이 떨어진다는 연구 결과가 나왔다. 20대 부부는 친밀감이 거의 100%이지만 30대로 넘어가면 친밀감은 줄어들고 역할이 커진다. 결혼 연수가 길수록 친밀감은 사라지고 역할은 커진다. 70대에 들어서면 친밀감은 거의 없고 역할만 남게 된다.

100세를 산다는 센트리안 시대가 도래하면서 70대부터 또 30년 이상을 같이 살게 된다. 친밀감은 하나 없고 역할만 남은 가정에 누가 들어가고 싶어 할까?

부부사이에 친밀감을 높이는 여덟 가지 방법을 함께 알아보자.

첫째, 가정의 비전 선언문을 만들고 그 목표를 향해 함께 걸어가자. 사랑은 마주 보는 것이 아니라 같은 방향을 함께 바라보는 것이라 했던가. 대학에서 가족학을 강의하는 나는 매 학기 가족 비전 선언문을 만들어 오라는 과제를 낸다. 나는 이 땅의 모든 가족이 비전 선언문을 가지고 살았으면 한다. 10여 년 동안 두 곳의 대학에서 모아놓은 학생들의 비전 선언문 모음집을 출간하여 대한민국 모든 가정이 비전 선언문 갖기 캠페인을 하고 싶다. 비전이 있으면 같은 배를 탔기 때문에 친밀감이 높아지고, 목적지를 향해 가기도 바빠 외도도 준다.

학생들의 우리 집 비전 선언문 우수작을 소개한다.

옹기종기 모인
사랑스런 우리 가족

달콤한 사랑이
숨 쉬는 우리 가족

옹달샘
가족

샘물처럼 솟아나는
희망의 우리 가족

가족이 있어 서로 힘이
되는 우리 가족

아나바다
가족

아껴주자.   나누자.
바라보자.   다름을 인정하자.

감자의 꿈

감사하며 살겠습니다.
자숙하며 살겠습니다.
의지를 드려 사랑하며 살겠습니다.
꿈을 이루어 가겠습니다.

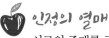

5가지 열매 맺는 가족

인정의 열매
서로의 존재를 존중하며 인정하자.

믿음의 열매
의심의 눈으로 보지 말며 어떠한 경우라도 서로 신뢰하자.

자유의 열매
서로에게 간섭하지 않으며 관심만 가져주고 서로의 능력을
믿어 주자.

소망의 열매
서로의 미래에 대해 희망적인 믿음을 주자.

사랑의 열매
사랑받고 사랑하려고 이 세상에 태어났음을 기억하고 서로
사랑하자.

Happy 가족

Honest　Action　People　Pray　Yes

소나무 가족

늘푸른 잎이 되자

솔방울이 되자.

송진이 되자.

피톤치드가 되자.

방부제가 되자.

역순초 가족

역지사지	순치지세	초윤장산
易地思之	脣齒之勢	礎潤裝傘

Rope 가족

Responsibilety Passion Overcome Encounter

강아지 가족

강하고 담대한 승리의 가족
아름다운 가족
지혜로운 가족

미인대칭

미소짓기
얼굴에 항상 미소 머금기, 웃는 얼굴로 마주 보기

인사하기
아침에 일어나서 서로 미소 띤 얼굴로 인사하기
출근하는 남편에게 "잘 다녀오세요." "다녀올게요"
자녀들은 "다녀오겠습니다. 엄마는 "사랑하고 축복한다."

대화하기
하루 두 시간 대화하기
(저녁 식사 2시간, 온 가족이 함께하기)

칭찬하기
하루에 세 가지 서로 칭찬하기

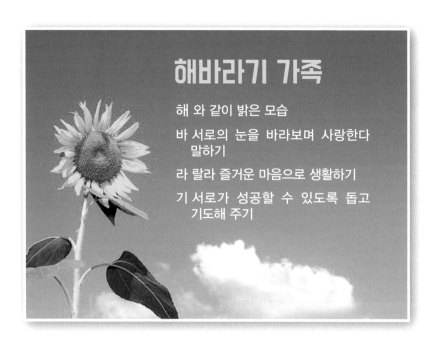

해바라기 가족

해 와 같이 밝은 모습

바 서로의 눈을 바라보며 사랑한다
말하기

라 랄라 즐거운 마음으로 생활하기

기 서로가 성공할 수 있도록 돕고
기도해 주기

情意相通

정 열적으로 매사에 힘하며

의 롭게 생각하고 행동하며

상 대방을 배려하면서

통 크게 인생을 살자!

LOVE

LOVE 사랑

- 매일 아가랑 말씀 읽기 • 매일 축복 기도해주기

Other 이웃

- 해외 아동 결연하기 • 지역 복지관 섬기기

Voice 언어

- 감사해요. 미안해요 사랑해요. 하루에 한 번 이상 표현하기

- 괜찮아. 잘했어, 힘내. 칭찬하고 격려하기

Eco 환경

- 가정의 건강을 위한 친환경 주말농장 가꾸기

- 일회용품과 분리수거 철저히 하기

둘째, 첫사랑의 예민한 감정을 잃지 말자. 어떤 노부인이 50년째 깨어진 꽃병을 식탁 위에 두었다. 왜? 50년 전 프러포즈를 받았을 때 너무 기뻐서 들고 있던 꽃병을 깨뜨렸다. 매일 그때의 감정을 지니며 살기 위해 지금도 깨어진 꽃병을 식탁 위에 두는 것이라고 한다.

셋째, 함께하는 봉사가 친밀감을 높여준다.

딸이 사위와 함께 니카라과에 의료 선교를 다녀온 후 편지를 보내왔다. "엄마, 일주일 동안 오빠하고 같은 봉사의 장에서 일했더니 친밀감이 깊어지게 되었어요."

넷째, 스킨십의 신상품을 개발하자.

친밀감은 신체 접촉에서 나온다. 유명한 상담학자가 수십 년의 임상적 경험으로 했던 말이 생각난다. 음악 치료, 미술 치료, 드라마 치료, 시 치료 등 수많은 치료를 했는데 가장 효과가 큰 것이 포옹 테라피였다고 한다. 스킨십은 사람에게 정서적 안정감을 준다. 정서적으로 안정된 사람은 타인을 사랑할 수 있는 에너지를 많이 갖게 된다.

부부 스킨십은 친밀감을 높인다. 밍크코트를 입어도 내의를 입지 않으면 춥다. 이처럼 세상에서 아무리 큰 박수를 받아도 부부 친밀감이 없으면 쓸쓸하고 외롭다. 텔레비전을 볼 때 일부러 손잡고 보고,

〈달항아리〉

산책할 때도, 잘 때도 괜히 손잡고 자는 등 스킨십을 생활화하자.

다섯째, 매일 일정한 시간을 내서 함께 소통하자.

요즘은 맞벌이 부부가 많다. 남편과 아내는 각자의 일터에서 그날 있었던 빅뉴스 3개를 교환하는 것이 좋다.

여섯째, 깜짝 이벤트를 준비하자.

예를 들면, 고맙다는 말을 예쁜 종이에 써서 양복이나 바지 호주머니에 살짝 넣어놓는다. 회사에 가서 우연히 메모를 본 남편은 무척이나 즐거워한다. 이벤트는 두 사람만의 삶에 의미를 만들어가는 행동이다. 다른 사람이 보면 별일 아니지만 두 사람에게는 의미 있는 일이 된다. 두 사람만의 비밀을 만들면 친밀감이 높아진다. 색다른 감동을 선사하는 뜻밖의 이벤트로 배우자의 마음을 녹여라.

일곱째, 같은 취미를 갖자.

음악, 운동, 독서, 영화감상, 봉사 동아리 등 둘이 함께하며 부부 항해의 노를 저어 가보라.

여덟째, 함께 놀이하라.

놀이는 아이들의 전유물이 아니다. 요한 하위징아(John Huizinga)의 말처럼 '인간은 호모 루덴스(Homo Ludence)', 즉 즐거움을 추구하는 동물이자 유희의 존재다. 부부 모임에서 어느 커플이 가슴 안의 풍선을 빨리 터뜨리나? 혹은 어느 커플이 입에 문 빼빼로 과자를 가장 짧게 남기나 등 즐겁게 게임을 하면 부부 친밀감이 깊어진다.

부부생활은 익숙함의 산물이다. 많은 항해사들이 수없이 다니던

〈커플〉

항로에서 실수를 한다. 익숙하다고 방심하거나 자신만만해 하다가
낭패를 당하는 것이다. 부부생활도 마찬가지다. 타성에 젖어 무뎌짐
으로 버티고 있지 않은지? 무뎌진 칼날을 숫돌에 가는 지혜가 필요
하다.

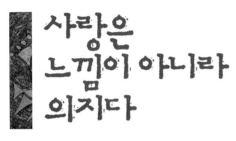

사랑은 느낌이 아니라 의지다

　우리는 불완전한 내가 또 하나의 불완전한 너를 만나 서로 채우고 지지하며 행복한 부부 항해를 하고 싶어 한다. 하지만 항해를 하다 보면 때때로 돌풍을 만나게 된다. 그중에서도 가장 힘든 돌풍은 이혼의 3대 원인 중 하나로 꼽히는 외도 돌풍이다. 예방이 잘 되어 있는 배는 돌풍을 만나면 유턴을 하지만 그렇지 않은 배는 파손되거나 좌초하고 만다. 파손된 배를 다시 수리하는 데는 많은 시간과 노력과 인내가 필요하다. 심하면 원상 복구가 되지 않기도 한다. 따라서 외도를 막기 위해 예방 접종을 할 수 있는 섬에 방문하고자 한다. 인간은 왜 외도에 빠지는가? 그것은 '내 이상형이 어디엔가 있을 것'이라는 인지 왜곡에서 비롯된다.

미혼의 젊은이들은 자신의 이상형이 요술 방망이처럼 '내 이상형 나와라. 뚝딱!'하면 어느 날 하얀 백마를 타고 짜잔 나타난다고 생각한다. 아니다. 이상형은 주어지는 것이 아니라 만들어 가는 것이다. 필자도 아침에 눈 뜨면 그때부터 피나게 노력해서 내 배우자의 이상형에 조금 가까이 가게 된다. '사랑은 느낌이나 감정이 아닙니다. 사랑은 의지입니다.'라는 김수환 추기경의 말씀이 절절하게 와 닿는다.

외도에 빠져드는 데는 여러 이유가 있다. 상호 의존증이 있으면 외도에 쉽게 빠져든다. 상호 의존증은 아가의 첫 번째 만남의 대상인 엄마와의 관계에서 사랑이 채워지지 못할 때 생긴다. 그로 인해 외로움, 수치심 같은 마음의 공허함이 생기고 그것을 메우기 위해서 일평생 다른 그 무엇으로 허전함을 메우려고 한다. 섹스, 인터넷, 마약, 도박중독, 혹은 물질에 의존하거나 소속감을 느끼기 위해 어떤 그룹이나 집단에 소속되지 못하면 괴로워한다.

그 외에도 해소되지 못한 분노, 자기중심적인 인간의 죄성, 중년의 위기, "옆집 부인은 돈도 잘 벌고 스타일도 좋은데…" 따위, 남의 떡이 더 커 보이는 신드롬 등이 외도를 부르는 요인이 된다.

외도 상담을 하면서 많은 사례를 통해 사람들이 사랑받고 싶어 한다는 메시지를 얻게 된다. '외롭다'는 무언의 메시지다. 특히 부부간에 친밀감이 부족해서 남편과 아내가 깊게 만나지 못하는 평행선 결혼(parallel marriage)에서 더욱 그렇다. 이럴 경우 정서적으로 춥기 때문에 따뜻함을 줄 것 같은 외도에 유혹당하기 쉽다.

외도는 결혼이라는 예술 작품에 지울 수 없는 상처를 낸다. 성경 〈사무엘하〉를 보면 성군 다윗 왕도 밧세바의 아내를 범하고 나서 뼈를 깎는 아픔으로 후회한다. 외도 방지를 위한 다섯 가지 팁(tip)을 제안해 본다.

첫째, 가정의 비전 선언문을 세워놓고 그것을 향해 매진한다. 그러면 한눈팔 시간이 없다.

둘째, 칭찬을 많이 한다. 칭찬하면 자성 예언(self fulfilling prophecy)이 이루어진다. 칭찬받은 대로 되려고 힘써 달려가는데 언제 외도하겠는가?

셋째, 부부간의 스킨십에 힘쓴다. 스킨십은 몸으로 전달하는 애정의 언어다. 아동 심리학자들은 아이들이 스킨십을 듬뿍 받아야 지적 통찰이 좋아지고 정서가 안정되고 대인관계도 좋아진다고 주장한다.

넷째, 불륜 테마의 드라마를 피한다. 사람의 뇌는 컴퓨터와 같아 인풋(input) 되는 대로 아웃풋(out-put) 된다. 우리 몸의 컨트롤 타워

인 정신이 오염되면 외도가 얼마나 내 배우자를 힘들게 하며 내 인생에 돌이킬 수 없는 오점을 남기는지 지각하지 못해 실수하게 된다. 배우자가 용서하고 하나님이 용서해 주셔도 그 사실은 한 번뿐인 삶에서 오점으로 남지 않겠는가.

다섯째, 외도 예방의 고수는 피하는 것이다. 남녀 관계는 N극과 S극처럼 서로 끌어당기는 힘이 있기 때문이다. 유혹의 환경을 피하는 게 제일 현명하다.

마지막으로 외도를 예방하는 작은 팁 하나를 선사하겠다. 배우자가 원하는 첫 번째 사랑의 언어를 알고 사랑하라는 것이다.

게리 체프만(Gary Chapman)은 다섯 가지 '사랑의 언어'를 제시했다. 인정하는 말, 함께하는 시간, 섬김, 선물, 스킨십이다. 다섯 가지 언어가 모두 중요하지만, 사랑을 효과적으로 전달하기 위해서는 '배우자의 첫 번째 사랑의 언어'가 무엇인지 아는 기술이 필요하다.

사자와 소가 서로 사랑해서 결혼했다. 사자 남편은 사랑하는 아내 소에게 자신이 너무 좋아하는 고기를 자꾸 주었다. 아내 소는 고기가 너무 역겨웠다. 한편 아내 소는 자기가 사랑하는 사자 남편에게 자신이 좋아하는 풀을 자꾸 주었다. 사자 남편은 풀이 너무 역겨웠다. 결국 그들은 사랑하면서도 배우자의 첫 번째 사랑의 언어를 알지 못해 이혼하고 말았다.

어느 날 남편이 저녁 식사를 하지 못한 채 늦게 퇴근했다. 반찬이 하나도 없어 얼른 부엌에 들어가 저녁을 준비하니 남편이 서재에서 소리친다. "난 김치 하나만 있으면 된다." 그러면서 "드라마 〈대조영〉을 함께 보는 것이 훨씬 좋다."고 말했다. 그는 '섬김'보다 '함께하는 시간'으로 사랑받기를 원했다. 남편의 첫 번째 사랑의 언어는 '함께하는 시간'인 것이다.

나의 첫 번째 사랑의 언어는 '인정하는 말'이다. 인정하는 말을 들으면, 힘든 줄도 모르고 섬기고 봉사한다. 배우자의 첫 번째 사랑의 언어에 채널을 맞춰서, 사랑해 주는 것이 사랑의 효율을 가장 높이는 방법이요, 외도를 예방하는 길이다.

사랑은 인간이란 존재의 기본적인 갈망이다. 그러나 사랑에는 기술이 필요하다. 사랑하는 기술이 없어서 왜곡된 결혼 생활의 늪으로 빠져들어 결혼에 대한 기대도 노력도 포기한 채 정서적 이혼 단계에 있는 부부를 종종 만난다. 세상을 움직이는 에너지는 '사랑'이다. 부부 사랑을 담장 너머로 꽃 피워 이웃 사랑으로 뻗어나가기 바란다.

"천국은 우리 집 같은 곳이란다" 말해줄 수 있다면…

아장아장 걷는 아기가 엄마에게 묻는다.

"엄마 천국은 어떤 곳이야?"

"애야, 천국은 우리 집 같은 곳이란다."

이렇게 이야기해 줄 수 있다면…….

이것은 이 땅의 모든 엄마의 꿈이리라.

가족과 결혼을 연구하는 학자로서, 가족 상담의 임상적 경험을 알아가는 가족 상담가로서, 결혼 43년 차 주부로서, 가정을 작은 천국으로 만들고 싶어 하는 모든 엄마의 꿈이 이루어지기를 축복하며 가정이 행복의 항구로 가는 다섯 가지 항해 수칙을 소개한다.

첫째, 눈으로 비전을 보라!

가정의 비전 선언문을 만들자. 큰 그림을 그려놓고 사는 가정은 사소한 것으로 부부 갈등을 일으키지 않는다. 일감이 많은 겨울 사냥개는 울타리가 없어도 싸우지 않는다. 그러나 일감이 없는 한가한 여름 사냥개는 울타리가 있어도 싸운다. 비전은 비난을 삼킨다.

사무엘 울만(Samuel Woolman)은 〈젊음〉이라는 시에서 "늙는다는 것은 나이 드는 것이 아니라 꿈을 잃어버리는 것"이라고 했다. 가정도 마찬가지다. 꿈이 있는 가정은 늙지 않는다.

둘째, 가슴으로 감사하라!

고맙다는 말을 하루에 세 번 이상 하라. '고마워'라는 세 글자는 부부 자동차가 전진하는 연료가 된다. '출근할 때 아내의 키스가 남편의 연봉을 올린다.'는 이야기와 같은 맥락이다. 남편의 월급이 온라인 통장으로 들어오는 요즘, 가족을 위해 힘들게 일하는 남편에 대한 감사의 표현에 인색해지기 쉽다. 월급 다음 날은 '아빠의 날'로 만들어 감사 이벤트를 하자.

셋째, 귀로 들어주라!

배우자의 상담사가 될 때가 자주 있다. 상담은 한마디로 듣기 사역(ministry of listening)이다. 남편이 직장에서 당한 억울한 일을 이야기하면 분석하지 말고 그저 들어 주라. 손을 잡고 잘 들어만 주어도 남편은 많이 회복된다. 무조건 수용 받는 따뜻한 대상 경험을 배우자에게서 받으면 그는 다시 모든 대상과의 관계를 회복할 수 있다.

넷째, 입술로 칭찬하라!

칭찬의 도사가 돼라. 사람은 칭찬을 받으면 그처럼 되고 싶어 한다. 부부는 배우자 위에 군림하는(over powering) 게 아니라 배우자를 세워주는(empowering) 지혜가 필요하다. 칭찬 기법으로 그 지혜를 얻을 수 있다.

폴리네시아에서는 신부를 데리고 올 때 신부 부모에게 선물을 주는 풍습이 있다. 아주 평범한 딱히 내세울 것이 없는 처녀가 있었다. 거위나 닭 한 마리면 충분할 것 같은 처녀에게 한 구혼자가 나타났다. 그리고 그 처녀에게 황소 열 마리를 내놓겠다고 했다. 그 후 그 여자는 '황소 열 마리짜리 여자'라는 별명을 얻게 됐다. 그 여자는 별명에 어울리는 신부가 되기 위해서 노력해 결국 별 볼 일 없는 섬 처녀에서 우아한 여성이 되었다고 한다.

다섯째, 발로 배웅하라!

출근할 때 배웅에 담긴 뜻은 '당신께 감사해요(I am thankful to

〈훈민정음 가로 V〉

you)', '당신을 위해 기도하고 있어요(I am praying for you)'가 아닐까.

필자는 결혼 후 지금까지 신혼 시절 8층에 살 때나 지금 66층에 살 때나 비가 오나 눈이 오나 차타는 곳까지 내려가 출근하는 남편을 배웅한다. 이것으로 격무에 힘든 남편이 힘을 받는 것 같다.

결혼이 필요한 제도인지 간혹 문제를 제기하는 사람을 만난다. 하늘 아래 그 어떤 존재가 온전할까? 세상의 그 어떤 천재라도 온전하지 않다. 그러기에 부족한 존재끼리 어깨를 기대며 살라고 하나님께서 태초에 가정을 만들어 놓으신 것이다. 홀소리와 닿소리가 어우러져 하나의 글자가 되듯이……

우주 여행을 예견하는 최첨단 과학 시대에 아이러니하게도 지구라는 별에 사는 존재들은 많이 외롭다.

지구온난화 속에 살면서도 우리는 지구라는 별에서 오들오들 추워서 떨고 있다. 그래서 외롭지 말라고, 추워하지 말라고 하나님께서 가정을 주신 것 같다.

부족한 존재가 서로 도우며 살라고,
외로운 존재가 서로 의지하며 살라고,
가정이라는 축복의 선물을 주신 것이리라.

어린 시절에 경험한 행복한 가정이 '내부 작업 모델'(마음속에 형성되는 사고의 틀로서 그 사람의 행동 기준이 된다)이 되어 다음 세대로 전수 된다. 가정의 소중함을 알려주는 교육이야말로 가장 소중한 선물이다.

새 시대의 희망, 어머니 교육

알랭 드 보통(Alain de Botton)은 사람의 됨됨이보다 지위나 소유가 한 사람의 정체성을 결정하는 착각의 시대에 살고 있다며 한숨을 내쉬었다. 존재보다 소유를 자랑하는 거꾸로 된 세상, 소득 중독, 사치 열병으로 인한 시대적 우울이 참으로 가슴 아프다.

요즘 청년들은 에릭슨이 말하는 인생의 주기마다 풀어야 할 과제를 풀지 못한 채, 특히 '나는 누구인가?'를 알지 못하면서 사춘기를 보낸다. 이렇게 되면 가족과 친밀감을 느끼지 못한 채, 청년기를 보내고 돈을 벌기 위해 일하는 중년을 지나 종국에는 자아 통합이 아닌 절망의 노년기를 보내게 된다. 이 모든 문제가 결국 어머니 교육이 부재했기 때문이 아닌가 싶다.

이 땅이 변하려면 어머니 교육이 필요하다. 유대인은 어머니가 유대인이면 유대인의 혈통을 이어 가게 한다. 오늘은 이 땅의 어머니들이 마음속에 담아둘 유대인 십계명 교육을 하나하나 들여다보고자 한다. 평범한 아이도 최강의 인재로 키우는 유대인의 교육은 가히 교육 혁명이다.

유대인 십계명 교육

첫째, 탈무드 지혜 교육이다. 토라와 탈무드(5천 년 쌓아온 유대인의 지혜)는 유대인의 평생 교과서다. 일반 학교 교육이 지식 위주라면 유대인 교육은 지혜를 가르치고 논쟁 식으로 지능지수를 개발하는 교육이다. 우리네 역사에도 훈장 교육이라 해서《사서삼경》,《명심보감》을 훈장을 통해 아이들을 가르친 적이 있다. 우리 역사의 인재인 안창호, 정주영 등은 서당 교육, 훈장 교육의 산물이라 할 수 있다.

둘째, 인성 교육이다. 일찍이 중국의 성현 왕양명은 "마음을 다스리는 것이 모든 교육의 시발점"이라고 했다. 정직 훈련, 분별력 훈련, 성실 훈련, 용기 훈련, 포용력 훈련을 성품 학교에서 배운다. 덕승재(德勝才)라고 했던가. 아무리 재능이 출중해도 인품이 받쳐주지 않으면, 빛깔 좋고 모양 좋아도 먹을 수 없는 과일 모과와 같이 된다.

〈준마 Courser〉

셋째, 하브루타 교육이다. 질문하고 토론하는 교육이다. 들으면 5%를 기억하지만 설명하면 90%를 기억한다. 듣기만 하는 교육에서 말하는 교육으로 바뀌어야 한다. 일방향 교육에서 쌍방향 교육으로 변해야 한다. 자녀를 학교에 보내면서, "선생님 말씀 잘 듣고 오너라."가 아니라 "질문 많이 하고 오너라."라고 말해 주자. 칸막이 쳐진 공부방이 아니라 토론하는 공부방, 독학이 아니라 토론이라는 하브루타 교육은 지능을 높인다.

넷째, 차별화시키는 적성 교육이다. 신은 모든 인간을 각각 다르게 창조했다. 형제의 지능지수를 비교하면 양쪽을 죽이지만 개성을 비교하면 양쪽 모두를 살린다. 머리 좋은 사람은 노력하는 자를 따를 수 없고 노력하는 자는 재미있게 하는 자를 따를 수 없다. 센트리안 시대를 맞아 오랫동안 일해야 하는 시대가 되었다. 기쁘게 재미있게 일할 수 있는 적성에 맞는 직업을 가져 일터가 놀이터가 되게 하자.

다섯째, 창의성 교육이다. 구글을 만든 세르게이 브린과 래리 페이지, 페이스북으로 소셜 네트워크를 장악한 마크 저커버그는 모두 유대인으로 창의성 교육의 산물이다. 유대인 어머니의 '베드 사이드 스토리'가 상상력을 키운다. 유대인은 도전과 실패를 용납한다. 실수하면 "마잘톱(축하한다)"하고 말해준다. 실수를 통해 배우고 창의성을 높이기 때문이다. 유대인의 교육에는 텔레비전이 없다. 사색에 걸림돌이 되고 창의력이 떨어지고 영상 이미지에 길들여지면 인내력이 저하되며 리더의 자질인 말하기와 글쓰기 능력 떨어진다. 집중력 저하로 공부도 못하게 되고 자연과 사람에서 멀어지게 된다.

여섯째, 독서 교육이다. 우리나라 국민의 평균 독서량은 형편없이 낮다. 미국인이 연간 18권, 일본인이 12권이지만 한국인은 고작 5권이다. 향수 가게에서는 향수 냄새, 가죽 공장에서는 가죽 냄새, 책을 벗 삼는 사람에게는 지혜의 냄새가 난다. 독서는 우리에게 많은 것을 선물한다. 인간 이해가 넓어지고 자신을 만나게 해준다. 생각하는 인간이 되게 한다. 관계하는 인간이 되게 한다.

일곱째, 비전 교육이다. 배를 만들게 하려면 먼저 바다를 보여주라고 했다. 인생은 꿈의 크기, 보이지 않는 저곳을 바라보게 하라(Look beyond the obvious).

여덟째, 자존감 교육이다. 자녀를 부모의 소유물이 아닌 하나의 인격체로 존중하자. 자존감이 무너지면 정신이 병든다. 자존감과 행복지수는 연관성이 깊다. 우리나라 청소년의 행복지수는 OECD 국

〈엄마곰 아기곰〉

가 중 최하위다. 의사 결정은 자녀 스스로 하도록 하자. 자녀는 하나
님이 부모에게 잠시 맡기신 것이다. 열세 살이 되면 독립적인 개체
로 인정해 주어야 한다. 그렇게 하지 못할 때 의존적인 우울이 생겨
자녀의 삶이 우울해진다.

아홉째, 공동체 교육이다. 유대인은 자녀를 청소년 집단촌인 '미드라시(Midrash)의 집'에 군에 입대하듯 입학시켜 1~5년 생활하게 한다. 이곳에서 아이들은 내면적인 자신감, 삶의 자신감과 가치관을 정립한다. 유대인은 개개인의 잠재력을 최대한 개발해 사회에 이바지하는 인재로 키운다. 유대인의 집에는 푸슈케(구제함)가 있다 어려서부터 봉사를 가르치는 것이다. 한 존재의 개별성과 공동체성이 균형을 이루도록 하자.

열째, 밥상머리 교육이다. 어머니는 감성지수(EQ)를 담당하고 아버지는 지능지수(IQ)를 담당한다. 식탁에서 음식만 먹이는 것이 아니라 지혜도 먹인다. 이야기꽃이 피는 밥상머리는 예배와 기도의 장소요, 축복과 나눔의 장소요, 감사와 예절교육의 장소요, 어떤 잘못을 고백해도 용서받는 화해의 장소다. "몰락하는 로마를 회생시키려면 가정으로 돌아가라."라던 세네카의 절규처럼 가정은 최고의 학교다.

이 땅의 어머니들이여! 자녀들이 내적 영역으로는 영성, 인성, 품성을 가꾸고 외적 영역으로는 다양성, 전문성, 창의성을 가꾸도록 가르치자. 유대인의 6성 교육으로 새 시대 새 주인을 교육하자.

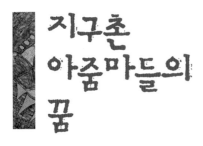

지구촌 아줌마들의 꿈

아줌마들은 굳이 상담소를 차리지 않아도 일상에서 늘 상담자가 되곤 한다. 온종일 직장에서 일하고 귀가한 지친 남편, 초등학교에 입학한 늦둥이 막내아들, 벅찬 입시 공부에 시달리고 온 딸, 부도낸 남편을 원망하는 친구의 상담자가 된다.

이 땅의 아줌마 상담자들은 일상의 내담자를 만날 때 어떤 모습이 되려 할까?

첫째, 우월한 구세주의 모습도 아니고 현명한 지혜자의 모습도 아니고 상처받은 치유자(wounded healer)가 되기를 소원한다. 분석하며 비난하기보다는 보듬어주며 싸매주고 싶어 한다. 상담에서는 그저 함께 있고(ministry of presence) 들어주는 사역(ministry of listening)이 그 어떤 것보다 중요하다. 아줌마들은 이미 그것을 그들만의 지혜로 알고 있다.

둘째, 아줌마 상담자들은 만나는 모든 사람에게 비전을 붙들어주는 비저너리가 되고 싶어 한다. 아서 라인즈(Arthur Lines)는 영적 교육가의 기능(Functional Images of the Religious Educator)에서 기독 상담가의 열 가지 역할을 이야기한다.

상담가는 어버이(parent), 코치(coach), 과학자(scientist), 비평가(critic), 이야기꾼(storyteller), 내담자의 자원을 찾아주는 예술가(artist), 비전을 심어주는 비저너리(visionary), 변화를 선도하는 혁신가(revolutionary), 치유자(therapist), 자신을 내어주는 목사(minister)의 역할을 해야 한다고 말한다.

위의 열 가지 역할 중에서 아줌마 상담가들은 특히 내 가족, 내 이웃의 재능을 찾아주고 싶은 광부의 역할과 그들에게 비전을 안겨주고 싶은 비저너리의 역할을 사모한다.

몽골 유목민의 전승 시를 보면 '여인은 사막의 오아시스요, 전쟁터의 말이요, 추운 겨울날의 화롯불이다.'라고 여인의 따뜻한 능력을

〈엄마곰 아빠곰〉

노래한다. 그렇다. 아줌마 상담가들은 내 가족, 내 이웃이 자신의 비전을 붙잡았을 때 행복하다. 내 이웃의 따스한 등불이 되었을 때 행복하다.

  셋째, 아줌마 상담가들은 내 가족과 이웃에게 궁극적인 대상인 하나님을 만나게 해주려 애쓴다. 그분을 만나면 겉껍데기 행복이 아니라 진정한 행복을 만날 것을 확신하기 때문이리라. 나의 궁극적 대상인 그분과의 일차적 대상 관계에서 나를 향한 그의 용서와 사랑을 흠뻑 느끼고 온전히 내면화되었다면 이 세상 누구도, 그 어떤 죄인도 품지 못할 사람이 없다. 또한 마음의 이치를 깨달은 자는 인생의 고뇌에서 벗어날 수 있다. 나의 궁극적 대상인 그분을 깊게 만날수록 목자장 되시는 그분의 표상을 부분적이나마 세상과 이웃에 나타낼 수 있으리라.

마르틴 부버는 "인생은 만남"이라 했다. 영성은 관계성이다. 신앙(religion)은 관계(relation)다. 이처럼 소중한 우리 관계가 사물과 사물과의 만남(ich und es)이 아니라 너와 나(ich und du)의 만남이 되려면 먼저 그분을 깊이 만나야 한다. 그때 비로소 우리는 마주침이 아닌 만남을 경험하게 된다.

함께 있어 주며 모든 이야기를 들어주는 아줌마
만나면 꿈을 품게 되는 비저너리 아줌마
행복의 샘터로 생명의 강가로 인도해 주는 아줌마

이렇게 될 때, 이 땅에 아줌마들은, 어느 시인의 시구에 나오는 '굳이 빛나려 하지 않아도 빛나는 아줌마', '화려한 옷을 입지 않아도 눈부신 아줌마'의 모습으로 자신도 모르게 변모해 있을 것이다.

갈등의 '위기'는 위대한 기회

　갈등이 없는 가정은 없다. 갈등을 잘 풀어나간다면 가정의 위기는 '위대한 기회'가 될 수 있다. 갈등은 대화의 소재가 될 수 있다. 갈등을 통해서 대화가 필요한 부부는 대화의 물꼬를 트고, 감정 표현이 서툰 부부는 친밀감을 얻는다.

　도마뱀의 몸집이 자라는 것을 본 적이 있다. 등의 살갗을 찢으면서 앞으로 쑥 나가며 몸집이 커지는 모습을 보며 '아픈 만큼 성숙해진다.'는 노랫말이 생각났다. 갈등은 우리 가정의 성장통이다.

　갈등은 표출해야 한다. 물이 100도로 끓고 있는데 물 주전자를 그냥 레인지에 둔다면 주전자는 물을 요란하게 뿜어대다가 주방 천장과 벽을 엉망으로 만들어 놓을 것이다. 벽 전체가 물벼락을 맞기 전에 빨리 손을 써야 한다.

갈등을 표출할 때 기억할 것이 세 가지 있다.

첫째, 칭찬부터 한다.

둘째, 나 주장법(I message)으로 말한다. 상대방을 공격하지 말고 내 느낌만 전달하는 것이다.

"어떻게 그런 말을 할 수 있어요?"

"당신이 그런 말을 하는 게 꼭 나를 무시하는 것 같아 섭섭했어요."

이 두 문장은 차이가 크다. 첫 번째 말은 비난하고 공격적이다. 하지만 두 번째 말은 대화하고 싶도록 만든다. 분노를 표현할 때도 공격 대신 자신의 감정만 솔직하게 표현하자. 그러면 대화를 이어갈 수 있다.

셋째, 갈등의 문제를 외재화시킨다. 갈등만 미워하고 사람은 미워하지 말라. 외재화시킨다는 것은 지금 일어난 일에 대해 사람과 문제를 분리하는 것이다. 가령 시댁에 가는 일로 다퉜다면, 남편과 시댁에 가는 일을 분리해야 한다. 남편이 곧 시댁이며, 시댁을 향한 불편함이 남편에 대한 미움과 뒤섞일 때 갈등은 고조된다.

여기서 잠깐 이혼의 네 가지 예측 인자에 대해 이야기를 하고 넘어가자. 세계적인 부부 학자 존 카트만은 35년간 3,500쌍의 남녀를 대상으로 종단 연구를 한 결과, 이혼의 예측 인자를 발표했다. 비난과 자기방어, 경멸과 담쌓기였다. 특히 이런 감정은 부부가 갈등을 겪을 때 자주 일어난다. 상대방을 비난하거나, 지나치게 방어의 벽을 높게 쌓아서 핑계와 변명을 일삼거나 조롱하듯 경멸하기, 아예 침묵으로 무시하는 행위는 삼가야 한다. 이는 갈등의 폭을 넓고 깊게 만드는 위험한 요소들이다.

너나 잘해 → 나만 잘하면 돼

배우자를 탓하면 가정은 병든다. '부부가 서로 잘하자.'로 바뀌어야 한다. 상대방을 변화시키는 것은 굉장히 어려운 일이다. 그는 변하지 않을 수도 있고 아주 나중에 변할 수도 있다. 내가 먼저 변하는 것이 빠르고 확실하다. 내가 먼저 작은 일부터 변할 때 그 변화가 부부 생활 전체에 도미노가 된다. 블록 백 개를 세워놓고 맨 앞의 블록을 넘어뜨리면 나머지 블록이 차례대로 무너지는 이치와 같다.

넷째, 갈등 중에서도 유머를 잊지 말자.

어떤 부부가 부부 싸움을 하던 중 남편이 몹시 화가 나자 아내에게 소리 질렀다.

"당장 나가."

그러자 아내도 질세라 냅다 소리를 쳤다.

"나가라면 못 나갈 줄 알아요?"

소리와 함께 죄 없는 안방 문이 탁 닫히고 아내가 사라졌다. 그런데 잠시 후 아내가 빼꼼히 방문을 열고 들어왔다. 그 모습을 본 남편이 왜 다시 들어왔냐고 소리쳤다. 그러자 아내의 말이 이어졌다.

"제일 소중한 것을 두고 갔어요."

"소중한 거? 그게 뭔데?"

"내 남편이요."

이 얘기를 들은 남편은 피식 웃었고 부부는 화해했다.

부부 갈등 퇴치 작전에 세 가지 팁을 제안한다.

1. 공소시효 고수
2. 마이크 사용 필수
3. 타임아웃 제도 활용

공소시효 고수는 해가 지도록 분을 품지 않는 것이다. 마이크 사용은 두 사람이 한꺼번에 목청껏 이야기하지 말라는 것이다. 마이크를 가진 사람만 이야기하는 것처럼 한 사람씩 차분히 이야기하면 서로의 의견과 입장을 알 수 있다.

타임아웃 제도는 운동 경기에만 있지 않다. 부부 싸움에도 타임아웃을 정하자. 소위 뚜껑이 열렸을 때는 잠시 그 자리를 피하는 것이 상책이다. 타임아웃 장소는 사전에 부부가 의논해 정한다. 잠시 쉬는 시간을 갖고 감정이 정리된 뒤에 다시 이야기하자는 데 의미가 있다. 시간은 부부가 서로 제시한 시간 중에 긴 쪽에 맞추고 타임아웃이 끝나면 부부는 정리된 감정으로 다시 대화할 수 있다.

갈등 다루기 과정에서 부탁하고 싶은 금빛 지혜는 기다림이다. 머리로는 인식했지만 행동에 이르기까지는 시간이 필요하다. 흔히 머리부터 가슴까지의 40cm 여행이 세상에서 가장 먼 여행이라고 한다. 인식하고 행동하기까지 기다려 주자.

갈등 문제는 원가족에서의 상처 치유와 함께 가야 한다. 이것이 은빛 지혜다. 외부에 드러난 상처는 방상의 일각일 뿐이다.

구릿빛 지혜는 부부 생활에 방심은 금물이라는 것이다. 1912년 1500여 명 승객의 생명을 앗아간 타이태닉호 침몰 사고는 사상 최대의 해난참사로 기억되고 있다. 총 11층 4만 6328톤급의 초 호화유

람선 타이태닉호의 침몰 원인 중 하나는 방심이다. 항상 다니는 익숙한 항로라서 방심한 것이다. 방심은 파선을 부른다. 매 순간 깨어 있을 때 갈등을 줄일 수 있다.

흔히 갈등이라고 하면 역기능적인 면을 보기 때문에 불쾌한 감정, 스트레스, 경직된 관계 등을 생각한다. 하지만 좋은 면도 있다. 문제의 핵심이 무엇인지 분명하게 하며 카타르시스가 되기도 한다. 갈등이 해결되었을 때 관계가 돈독해지고 혁신적인 변화를 일으키는 도화선이 되기도 한다.

지금 선택한 배우자가 천생배필이 되도록 노력하라. 그리고 배우자의 인격 중 약한 부분을 어떻게 하면 보완할 수 있을까 하는 상보성의 문제를 위해서 서로 힘쓰라.

가을

장년기 가족 이야기

〈에덴 동산〉

진정한 여행

가장 훌륭한 시는 아직 쓰지 않았다
가장 아름다운 노래는
아직 부르지 않았다.
최고의 날들은
아직 살지 않은 날들…
가장 넓은 바다는
아직 항해하지 못했고
가장 먼 여행은 아직 끝나지 않았다.
불멸의 춤은 아직 추지 않았으며
가장 빛나는 별은
아직 발견하지 않은 별
무엇을 해야 할지

더 이상 알 수 없을 때
그때 비로소
진정한 무엇인가를 할 수 있다.
어느 길로 가야 할지
더 이상 알 수 없을 때
그때가 비로소
진정한 여행의 시작이다.

– 나짐 히크메트

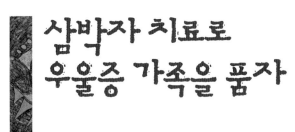

삼박자 치료로 우울증 가족을 품자

우울증은 분노와 공격성이 자기 자신에게 표출된 것이다. 통제를 벗어난 세포가 암이라면 우울증은 통제를 벗어난 슬픔, 즉 슬픔의 병리적 상태라고 할 수 있다. 한국인의 사망 원인 5위, 청년 사망 원인 1위가 우울증이다. 존 칼빈, 마르틴 루터, 요한 웨슬리, 마더 테레사 등의 위대한 기독교 리더, 링컨, 처칠 같은 역사의 발자국을 남긴 정치가, 아브라함, 엘리야 같은 존경받는 성경의 인물도 우울증을 앓은 흔적이 있다.

우울증의 종류로는 조증과 우울을 함께 가지는 양극성 우울과 단극성 우울, 외인성 우울과 내인성 우울, 범인에게 나타날 수 있는 신경증적 우울과 병적인 정신증적 우울이 있다. 여기에 특별한 환경과 더불어 오는 계절성 우울증, 산후 우울증, 노인성 우울, 갱년기 우울증, 주부 우울증, 빈 둥지 신드롬 우울증, IMF 우울증도 있다.

우울증의 원인은 세로토닌이 저하되는 생화학적 원인, 사회적 원인, 환경적 원인, 종교적 원인, 심리적 원인, 유전적 원인, 갑상선 저하 혹은 항진 등 건강과 관련된 원인 등이 있다. **또한 생물학적, 심리적, 사회 환경적 원인이 복합적으로 작용하여 일어나기도 한다.** 따라서 치료법도 그에 따라 달라진다. 생물학적인 원인을 치료하기 위해서는 항우울제나 전기충격치료 등이 필요하며, 심리적인 문제를 해결하기 위해서는 다양한 심리적 치료를 받아야 한다. 환경적인 스트레스를 줄이기 위해서는 가족, 친구, 직장동료의 도움이 필요하다. 이 세 가지 접근이 잘 이루어져야 치료가 잘 되고 재발을 줄일 수 있다.

우울증의 직접적 원인으로는 대상 상실, 자존감 상실(혹은 하고 싶은 일의 좌절), 불안이나 내적 분노가 있다. 아동 우울증의 3대 원인으로는 가정의 양육 상태(엄마가 취업을 포기했더니 자녀의 우울증 증상이 회복되는 예가 많이 있다), 과도한 학습, 친구 관계를 꼽는다.

상실감도 우울증의 큰 원인이 될 수 있다. 게리 콜린스(Gary Collins)는 이렇게 제안했다. 실제 상실, 상상의 상실, 위협받는 상실을 구별하고 상상의 상실과 위협받는 상실을 실제 상실로 전환하게 도우며 슬퍼하는 과정을 도와주자. 이 과정을 너무 빨리 지나치지 않는 것이 좋다. 슬퍼하는 과정을 도와 준 후에는 상실의 현실을 직시하게 돕자. 상실의 현실을 직시하는 것은 떠나게 하는 과정을 쉽게 한다. 그런 연후에 상실에 대한 새로운 관점을 갖도록 도와라.

살아온 삶도 중요하지만 삶을 보는 시각이 더 중요하다

인간은 기억하는 대로 예측한다고 한다. 어떻게 살았는지 중요하지만 어떻게 이야기하는가, 즉 어떻게 인지하느냐가 더 중요하다. 인지의 왜곡에서 벗어나기 위해서, 시각의 전환을 위해서, 비합리적 신념을 긍정적 신념으로 바꾸어 놓는 것이 시급하다. 과대 일반화, 선택적 추상화, 인지 왜곡, 모호한 추론 등은 몰아내라. 그 빈자리를 잘했던 경험, 칭찬받았던 경험을 반추하며 긍정적인 감정으로 채워야 한다.

내적 분노와 내적 불안도 우울을 야기할 수 있다. 원가족에게 받은 상처가 있으면 내면 아이를 치유해서 섭섭함을 내려놓게 하자. 표출되지 못한 감정도 우울증으로 진행할 수 있기 때문이다. 공격적 분출, 수동적 분출, 가장적 분출이 나타나기 전에 마음에 있는 슬픔과 분노를 글이나 편지로 쏟아 놓아라.

강박으로 인한 불안증세가 있다면, 삶을 경쟁 구도로 보는 것부터 중단해야 한다. 최선을 다했다면 의무는 다한 것이다. 결과 앞에서 자유로워져라. 그 결과로 자학하는 가학적 초자아(superego)를 버리자.

사랑의 대상을 찾자

대인관계 치료는 우울증 개선에 도움이 된다. 용서받을 일이 있으면 잘못을 인정하고 용서를 구하고, 용서해 줄 사람 있으면 용서하라. 용서는 힘들다. 그러나 용서하지 못하는 것은 더욱 힘들다. 섭섭함과 원통함이 가득한 마음을, 미래의 빛나는 비전과 감사의 빛으로 채우면 어둠이 물러가고 용서하는 힘이 생긴다. 빛은 어둠을 몰아내는 힘이 있다. 그런 연후에 친밀한 우정 관계를 시작할 대상을 찾아라.

치료할 때는 내담자의 우울증에 대해 조급하게 해석하지 말자. 또 하나 그들을 대신해서 결정하지 말고 직접 결정할 수 있도록 유도하는 것이 좋다.

우울증을 앓는 내담자는 맑은 날도 폭풍우가 몰아치는 험한 날씨처럼 느껴진다. 나는 내담자의 말을 들어주고 또 들어주었다. 비언어적 메시지까지 가슴으로 들었다. 한 번이라도 좋은 대상 경험을 맛본다면 낮아질 대로 낮아진 삶의 에너지 레벨을 조금이나마 올릴 수 있기 때문이다. 그랬더니 내담자가 서서히 살아나기 시작했다. 우울증은 믿음이 부족해서 생기는 것이 아니다. 오히려 하나님에 대한 그리움이 크기 때문에 온 것이다. 내담자와 함께 외로움은 하늘을 보게 한다는 이야기도 나눴다.

이 외에도 우울증을 스스로 극복하는 몇 가지 방법을 소개한다.

첫째, 대화와 유머가 우울증 치료의 명약이다. 어떠한 상황에서도 유머와 웃음을 잃지 말자.

둘째, 운동과 규칙적인 생활이다.

셋째, 취미와 봉사하는 생활이다.

넷째, 감사하는 마음이다. 오늘부터 감사 노트를 만들어 하루에 세 개씩 감사 제목을 찾자. 감사의 빛은 우울이라는 어둠을 변방으로 몰아내는 속성이 있다. 그래서 우울은 찍 소리도 못하고 변방에 조금만 남게 된다.

다섯째, 하인즈 코헛(Heinz Kohut)이 말하는 응집적 자아(cohesive self), 즉 골밀도 높은 건강한 자아를 바로 세워서 잃어버린 자존감을 찾자.

실존주의 철학에서는, "에덴에서 추방된 우리, 원초적 상실로 인한 고독 속에서 운명처럼 덧입은 인간에게 외로움이라는 실존적 우울은 필연"이라고 말한다. 그러나 이러한 실존적 우울은 우울증과 달리 타인의 내면으로 더욱 깊게 들어가는 관문이 될 수 있다. 또한 우울한 경험은 영적 성장의 기틀이 된다. 우울의 터널을 빠져나오면 어느새 성장해 있는 자신을 발견하게 된다. 우울증은 포장된 축복이 될 수 있다. 어둠은 나에게 검은 눈동자를 주었으나 나는 그것으로 빛을 본다.

소중한 가족을 삼키는 자살 풍랑

우리나라의 자살률은 OECD 국가 중 1위로 연간 1만 5천 명, 10년간 15만 명을 기록하고 있다. 10년마다 중소도시 하나가 사라지는 셈이다.

WHO(세계보건기구) 발표에 따르면 매해 100만 명 이상이 자살한다. 세계 경제 인구(15~44세)의 3대 사망 원인이 자살이라고 한다. 발트 해 연안의 리투아니아가 자살률 1위이고 한반도의 북한과 남한이 세계 2, 3위다.

자살의 심리적인 요인으로 절망감, 우울증, 상실감, 충동적 성격, 약물중독, 자살의 가족사 등이 있다. 대상 관계 이론에 근거하면 바깔 대상으로부터 적절한 반응을 받지 못했을 때 '나쁜 나'를 형성하게 되고 환상의 영역에서 공격하게 된다. 이때 가해적 공포, 즉 피해의식을 많이 갖게 된다. 이 과정에서 손상된 자기애는 이상화된 자기, 혹은 과대 자기를 만들고 그 허허로운 가슴을 중간 대상으로 메우려고 하거나 스스로 자존감을 떨어뜨려서 자살을 선택하기도 한다.

 소속감을 느끼지 못할 때 인간은 자살 충동을 느낀다. 인간은 '호머 코네트커스(연결된 인간)'이다. 독거노인으로 살게 되면 외로움에 자살을 한다. 친구들 그룹에 끼고 싶은데 왕따를 당했고 신체적인 구타보다 소속되지 못한 좌절감에 더욱 괴로웠다는 어느 청소년의 유서가 생각난다.

 시카고 대학교에서 한 쥐 실험에서도 소속감과 관련한 결과가 드러난다. 함께 사는 쥐에서는 암세포가 거의 발견 되지 않았다. 그러나 혼자 사는 쥐의 30%가 암세포가 있었다. 고립감과 고독은 신체적, 정신적 질병을 유발한다.

 자살의 사회문화적 요인을 살펴보자. 토머스 모어는 500여 년 전에 유토피아를 꿈꿨다. 그러나 우리는 유토피아와 더 거리가 멀어진 세상을 살고 있다. 오늘날 인간을 짓누르는 수많은 문제와 동시에 한없이 가벼워진 인간성을 생각하면 가슴이 아프다. 생명에 대한 존

〈포즈〉

중감도 가벼워져서 전대미문의 높은 자살률을 기록하고 있다.

우리는 리처드 레이어스(Richard Layers)가 말한 소득 중독에 걸린 시대, 로버트 프랭크(Robert Frank)가 말한 사치 열병을 앓고 있는 시대, 알랭 드 보통(Alain de Botton)이 말한 자신의 지위나 소유가 마치 자신인 양 착각하는 시대를 살아간다. 존재(Being)보다 소유(Having)를 자랑하는 거꾸로 세상인 현대는 가히 영국 보건성이 말한 대로 '정신 이상의 시대'다. 이러한 시대적 우울이 자살률을 부추기고 있다.

외환위기(1997년), 신용카드대란(2003년), 세계 금융 대란(2008년) 등 계속 진행되는 경제 문제도 자살률에 많은 영향을 준다.

고령화 시대 도래로 30년을 선물(?) 받은 노년들은 부모 봉양의 문화적 유산을 상실된 시대에 살게 됐다. 노인 빈곤율이 OECD 국가 중에 1위를 차지한다. 이 또한 높은 자살률을 이끄는 요인이다. 엇나간 교육 방향으로 청소년 행복지수도 OECD 국가 중 꼴찌, 이에 따른 청소년 자살률이 세계 1위, 이러한 사회 문화적 요인들이 우리나라의 자살률을 높이고 있다.

자살 예방 치료

자살을 방지하고자 다음과 같이 제안한다.

• 비합리적 신념을 타파케 하라. 자존감 높이는 작업을 하라.
• 문제 해결 능력을 키워라.
• 충동성 조절 훈련을 시켜라.
• 사건의 밑에 있는 광맥을 찾아라.
• 자살 예방 상담 시 판단하는 태도를 피하라.
• 내담자의 감정을 평가 절하하지 마라.

- 내담자의 이야기보따리에서 수정 같은 부분, 그 생명의 씨앗을 발견하여 독특한 결과(unique outcome)를 끌어내어 건강하고 긍정적이고 대안적인 스토리(alternative story)를 쓰게 하라.

효과적인 자살 예방 전략

WHO가 제안한 효과성이 입증된 자살 예방 국가 전략으로 몇 가지 방법을 제시한다. 명확한 목표 설정, 자살에 대한 위험 요인 파악(고위험군의 유가족, 재시도자 관리), 대상별 맞춤형 전략 구축, 효과성 있는 평가 체제, 자살 예방과 관련된 이해 당사자를 파악해서 다양한 분야에서 이루어지는 융합적인 연구, 자살 현황 파악, 법체계 구축, 대중매체 홍보 등이다. 여기에 몇 가지를 덧붙였으면 한다.

자살에 대한 국민 의식 개선, 교육 강화, 자살 방법에 쓰이는 약품 통제(농약관리법), 교각 아래 안전망 설치, 자살 방법 보도에 대한 대중매체의 자극적 보도 자제, 자살 예방 연구 감시 체제 구축 등도 예방책이 될 수 있다.

또 자살 고위험군에 대해 가정, 학교, 교회, 사회의 지지와 돌봄, 즉 자살 예방을 위한 사회적 지지망(Social Support)이 필요하다.

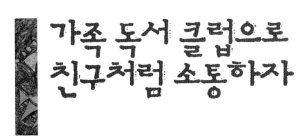

가족 독서 클럽으로 친구처럼 소통하자

원탁의 기사 아서 왕의 테이블이 당신 앞에 있다. 당신은 멋진 삶을 만들기 위해 테이블 위에 어떤 도구를 놓을 것인가? 그렇다. 화목한 가정이다. 내가 만드는 화목한 가정이야말로 화명고토(花明故土), 이 땅을 밝게 하는 꽃 한 송이, 풍이신천(風移新天), 새 나라를 만드는 한 자락 바람이 될 수 있다.

독서는 꿈을 낳고 자라게 하고 완성한다

가족끼리 같은 책을 읽으면 마음을 이어주는 끈이 생긴다. 이것이 책이 주는 선물이다. 화이부류(和而不流)라고 했던가. 세상 안에 있어도 오염되지 않을 힘을 준다. 책은 우리에게 또 다른 가족을 만나게 해준다. 책은 감정의 흐름이 막혀 있는 사람에게 감정의 강이 흐를 수 있도록 물꼬를 터준다. 책은 진정한 나를 찾아가는 자기와의 대면 시간을 준다. 책은 내 마음속 언어들을 말없이 들어주는 친구를 준다. 독서는 고통을 희망으로 바꾸는 연금술사와 비슷하다. 책은 무의식 속에 숨겨진 깊은 상처를 만나게 해준다. 책을 통해 과거의 고통과 만나면 피하지 말고 고통을 느껴보고 표현하자. 그러면 치유를 선물로 받게 된다. 마지막으로 좋은 책은 한여름 날 냉수처럼 영혼을 시원하게 해준다.

독서에는 다양한 기능이 있다. 우선 예방적 기능, 진단적 기능, 치료적 기능, 통찰의 기능, 정보 제공의 기능, 보편성 인식 기능, 대안 안내 기능을 하는 상담의 도구가 된다. 독서가 자기 이해와 통찰을 증진해서 다른 시각을 얻도록 도와주기 때문이다. "해가 바다에서 떠서 바다로 진다"는 섬 사람의 견해와 "산은 산봉우리에서 뜨고 산봉우리로 진다"는 산골 사람들의 견해가 모두 옳은 것을 독서를 통해서 알게 된다.

독서는 비합리적인 신념을 합리적인 신념으로 바꿔주기도 한다. 게슈탈트 관점에서 보면 책을 읽고 나누는 과정을 통해서 참여자는 외부에 투사되거나 자신 속의 내부에서 격리된다. 이때 자신의 것으로 인식하지 못한 에너지와 감정을 자각하고 이것이 우리 내면에 녹

아들으로써 성숙한 삶을 살 수 있다.

가족 독서 클럽의 리더 역할

가족 독서 클럽에서 리더 순환제를 제안한다. 리더는 자신과 타인에 대한 수용, 현실에 대한 수용, 삶에 대한 긍정적 자세(I'm OK-You're OK)를 갖추어야 한다. 그 밖에 리더의 역할은 다음과 같다.

- 모성(母性)과 부성(父性)을 겸비
- 힘을 돋우게 하기(empowering) 위해서 권위를 사용
- 현미경과 망원경을 함께 사용
- 전문적 기술(artful skill)과 진실한 마음(integrity of heart)
- 거울
- 광부
- 내담자가 자신을 다른 시각으로 보게 함
- 희망의 불씨를 던짐
- 새로운 정체성을 세워 가는 과정에 공저자(co-author)
- 상처받은 치유자(wounded healer)
- 함께 체험하는 탐험가(explorer)
- 자원과 선택이 내담자 자신 안에 있음을 일깨워 줌
- 문제를 외재화하는 화법을 통해서 내담자를 오랫동안 지배했던

것으로부터 자유롭게 함

가족 독서 클럽의 활동으로는 치료적 말하기, 치료적 글쓰기, 치료적 활동하기가 있다.

치료적 말하기에서는 폐쇄형 질문보다 개방형 질문이 바람직하다. '왜(why)'라는 질문은 하지 않는 것이 좋다.

성장을 위한 치료적 말하기 토픽

책을 읽고 나서 성장을 위한 치료적 말하기 주제는 다음과 같다.

- 가장 생생하게 기억되는 장면은 무엇인가?
- 책 속의 어떤 인물이 당신 자신을 어떤 모습으로 연상하게 하는가?
- 자신에 대해 새롭게 알게 된 것은 무엇인가?
- 당신의 삶에 적용하고 싶은 것은 무엇인가?
- 책 속의 어떤 인물에게 무슨 말을 해주고 싶은가?
- 책을 읽다 문득 생각난 과거의 일은 무엇인가?
- '아하 그렇구나!' 하고 새롭게 깨닫게 된 구절은 무엇인가?
- 책 속 등장인물의 감정, 생각, 행동 등이 나와 동일하다고 느낀 부분이 있는가?
- 책을 읽는 동안 부모님에 대해 떠오른 생각은 어떤 것들이 있나?
- 책을 읽고 나서 편지를 쓴다면 누구에게 어떤 내용으로 쓰고 싶

은가?

치료적 글쓰기에는 편지 쓰기, 유언장 쓰기, '만약에 ~라면' 쓰기, 자서전 쓰기, 삶의 중요한 경험 쓰기 등이 있다. 치료적 활동하기는 책을 읽고 말이나 글로 표현하기가 다소 어려운 유아나 아동에게 유익하다. 역할 연기, 인생 곡선, 걱정 인형에게 걱정 나누어 주기, 가족 구성원을 날씨, 동물 등으로 상징적으로 표현하기 등 간단하면서도 재미있는 다양한 활동을 통해서 가족끼리 소통할 수 있다.

가족 독서 클럽을 통해 우리는 똑같은 매일을 다르게 살 수 있는 지혜를 얻는다. 또한 수없이 많은 처음을 경험하게 될 것이다.

가족의 소통에도 연품이 있다

UN(국제연합)에서 행복한 사회를 만들기 위한 빅 7이 무엇일까 알아보는 종단 연구가 있었다. 전 세계 46개국, 4차에 걸친 연구였다. 행복을 이끄는 첫 번째 요인은 가족이었다. 가족은 삶의 그루터기다.

그러나 아이러니하게도 우리는 소중한 가족에게 가장 많은 상처를 받는다. 필자는 상담의 장에서 가족에게 받은 언어 상처로 평생 아파하는 사람을 많이 만난다. 요즘은 유례없이 어려운 시대이며 긴장과 스트레스 수준이 도를 넘었다. 이런 상황에서 가정이 용기와 힘을 주는 희망 충전소가 되었으면 한다.

서점에서 집어 드는 책이 그 사람을 말해준다고 한다. 사랑하는 아빠, 엄마, 형, 동생이 무슨 책을 고르는지 관심을 갖자. 그리고 난 후에야 진정한 의사소통이 이루어질 수 있다.

내 사랑하는 아들의 가장 큰 갈망이 무엇인지, 무엇 때문에 목말라 하는지, 그가 무엇을 바라보고 있는지 간파해 보자. 그리고 난 후에야 참된 경청이 가능할 것이다. 내 사랑하는 동생이 지금 지나고 있는 어두운 터널이 무엇이지 탐색해 보자. 그 후에야 길거리 대화가 아닌 침실 대화를 할 수 있다.

가족 의사소통 20계명

1. 말에는 온도가 있다. 너무 뜨거우면 델까 봐 떠나고 너무 차가우면 추워서 마음의 빗장을 닫는다. 뜨겁지도 차지도 않는 따뜻한 언어로 의사소통하자.

2. 부정적인 언어가 아니라 긍정적인 언어로 의사소통하자. '간섭한다.' 대신에 '주변에 관심이 많다.', '제멋대로다.' 대신에 '자기주장이 강하다.', '건방지다.' 대신에 '자신감이 있다.'라고 말하자.

〈엄마와 풍선을 든 아기〉

광부 역할을 하는 의사소통

3. 가족 구성원의 장점과 재능을 찾아주는 광부의 역할을 하는 가
   족 언어 습관을 익히자. 최고의 명약인 칭찬을 처방하자. 그러
   기 위해서 유능한 관찰자가 되자. "선글라스, 그게 뭐냐?" 대신
   에 "그 선글라스가 어울리는 사람은 우리 아들뿐일 것 같아."라
   고 하자. "손톱 좀 물어뜯지 마!" 대신 "초조하면 손톱 물어뜯을

수 있겠구나!"라고 비난은 떼어버리고 이야기하자.

4. 경청의 요령으로 반영, 인정, 공감 기법을 활용하자. 찬성하지 않을 때라도 "아빠 말씀은 ~란 말씀이시지요."라고 반영하자.

5. 경청의 기술로 시선 교환(eye contact), 고개 끄덕임(nodding), 추임새(humming sound)를 동원하자. 경청의 태도로 분석가, 도덕가, 지배자, 전능자의 모습은 버리자. 비언어적 메시지까지 읽을 수 있도록 경청하자.

6. 문제 중심 대화가 아니라 해결 중심 대화로 이끌자.

7. 화가 나는 일을 이야기할 때에도 "당신 왜 이렇게 늦게 들어 왔어?"라고 공격적으로 말하지 말라. "당신이 늦게 들어오니 내가 쓸쓸하더라." 하는 내 느낌만을 전하는 나 주장법(I Message)을 전하자.

8. 사랑하는 가족 각 사람의 이슈를 튜닝하자. 가족의 연령, 성별, 직업, 취미에 맞춘 가족 의사소통을 구가하자. 집안의 어르신께는 추천해 주고 싶은 책이나 좌우명 등을 여쭈어 보는 지혜를 갖자.

9. 가족의 기질에 맞추어 대화법을 선택하자. 아들이 이성적이라면 아들에게는 육하원칙에 따른 요점정리 식 리포트형 대화를, 감성지수가 높은 딸이라면 워밍업을 많이 한 후 대화를 시작하는 라포형 대화가 좋다.

10. '왜 이렇게 되었나'에 초점을 맞추는 원인적 의사소통이 아닌 '어떻게 하면 할 수 있나'에 초점을 맞추는 목적론적 의사소통을 하자. '왜(why)'보다는 '어떻게(how)'로 의사소통 방식을 바꾸자.

11. 관심을 불러일으키려면 마법의 질문을 하자. 폐쇄형 질문이 아니라 개방형 질문을 하자.

비난 대신 요청, 방어 대신 인정

12. 비난 대신 요청, 경멸 대신 존중, 방어 대신 인정, 담쌓기 대신 대화로 풀어가자.

13. FAMILY(Friendly, Attentive, Me too, Interest, Look, You are centered) 대화법을 활용하자. 친근하게(Friendly) 귀를 쫑긋하여 듣고(Attentive) '나도 그래(Me too)'라고 동의해 주며 관심

(Interest) 어린 눈망울(Look)로 보고, '당신이 주인공입니다(You are centered)'라는 자세로 경청하자. 여섯 개 단어의 머리글자를 따면 패밀리(FAMILY)가 된다.

14. 자녀와는 감정 코칭 기법으로 대화하자. 축소형(별 것 아니야), 억압형(그럼 못써), 방관형(뭐든 괜찮다) 대화가 아닌, 대안을 함께 찾아주는 감정 코칭(함께 찾아보자)으로 대화하자. 사춘기 자녀와는 비전을 붙들게 하고 소통하자. 비난이 아니라 칭찬이 사춘기 자녀를 이끌어 가는 게 중요하다.

15. 거울 신경세포 원리로 대화하자. 거울 신경세포는 다른 동물의 행동을 거울처럼 반영한다. 가족이 관심의 눈빛을 보이도록 내가 먼저 관심과 배려의 눈빛을 보내자.

직면은 비유로

16. 찬성하지 않을 때, 기분이 상하지 않으면서 대안을 제시해 보자. 상대방의 의견을 용납하면서 대안(그렇군요. 그런데 이렇게 좋은 것도 있답니다.)을 제시하자. 가르치지 말고 생각하게 하면서 조언(이런 방법은 어떨까?)하는 것이 좋다.

17. 인지적 오류에서 벗어나 대화하자. 듣고 싶은 말만 듣는 선택적 추상화, 일부분을 전체로 확대 해석하는 과잉 일반화 등은 피해야 한다.

18. 말하기 힘든 말은 비유로 활용하자. 속도를 강요하며 안달하는 엄마에게 이렇게 말하자. "천릿길도 한 걸음부터여유."

19. 조언을 구하는 방식으로 대화하면 벙어리 가족도 대화에 참여하게 할 수 있다. 예를 들어서 "아들은 어떤 생각인가?" 하고 조언을 구하자.

20. 위기를 벗어나게 하고 긴장을 낮추며 용기를 심어주는 유머는 가족 대화를 원활하게 하는 윤활유가 된다. 또한 삶의 무게를 가볍게 해주며 의사소통에 있어서는 마치 양념처럼 감칠맛을 내기도 한다.

언품이라는 단어에서 품(品)은 '입구(口)'자 셋이 모여 형성된다. 가족 한 사람 한 사람이 가족을 살리는 말을 하자. 가족의 언품을 높이고 대대로 승계할 가족의 언어문화를 세울 수 있도록.

엎어진 대야에는
물을 담을 수 없다

우리나라 재혼 가정의 현황을 살펴보면 남녀 모두 재혼인 경우가 전체 혼인의 11.2%, 한쪽이라도 재혼인 경우가 전체 혼인의 21.8%다. 재혼의 원인으로는 외로움, 경제 문제, 자녀 양육의 어려움, 성 관계, 견디기 힘든 사회적 편견 등이 있다.

재혼 가정의 특징은 이전 결혼의 경험이 새로운 결혼을 평가하는 기준이 된다는 점과 배우자를 신뢰하는 데 어려움이 적지 않다는 점이다. 재혼 가정에서는 통장을 각자 관리하는 경우가 초혼보다 많이 나타나기도 한다.

재혼에 앞선 예비 준비로는 이전의 부부 관계를 정서적으로 떠나보내기, 이전의 부부관계에서 받은 상처 치유하기 등이 있다. 첫 결혼의 실패를 속히 잊기 위해서, 혹은 부모로부터 인정받고 싶은 성급함에서 재혼을 서둘러 선택하지 않도록 해야 한다.

재혼 가족의 문제로는 각 구성원의 상실감, 비현실적인 기대, 편가르기, 충성심 갈등(royalty conflict), 통제 및 주도권의 문제, 경계(boundary)의 문제 등이다. 가장 어려운 문제는 자녀 양육이다.

재혼 가정의 자녀 양육 지침으로는 셸리 토머스(Shirley Thomas)가 그의 저서 《행복한 두 가정*Two Happy Homes*》에서 제안한 것처럼 '가족이 당신이 기대하는 것과는 다를 것'이라는 사실을 받아들이는 것이다. 세 아들을 가진 이혼남이 측은하고 아이가 불쌍해서 초혼으로 결혼했으나 신혼여행에서 온 다음 날부터 갈등이 시작된 이를 상담한 적이 있다. 재혼 가정이라면 자녀의 기질, 애착 유형, 의사소통 유형에 맞는 방식으로 관계를 맺어야 한다.

계자녀를 훈육할 때는 친부모인 배우자를 앞서지 말라. 문제가 발생하면 직접 꾸짖지 말고 계자녀의 친부모인 배우자의 의견을 따르라. 부모가 헤어져야 했던 이유를 충분히 설명하라. 계자녀에게 반드시 사랑을 받아야 하며 받을 수 있다는 기대를 버리라. 현실적 목표를 세우고 작은 성취에 만족하라. 새 가정의 새로운 가족 문화를 만들어라.

〈삶Ⅰ〉

이혼 가정 역시 정상 가정임을 인지하자. 재혼 가정 상담의 열쇠는 특별하지 않다. 부부가 이전 배우자와 해결되지 않은 감정을 현재의 부부 관계, 혹은 현재 가족 관계에 투사하고 있지는 않은지 점검해 보라.

사진작가인 신디 셔먼(Cindy Sherman)은 자신의 얼굴과 모습을 머리부터 발끝까지 형형색색으로 변형해 찍어 인간 내면의 다양성을 표현했다. 이처럼 계모와 계자녀가 서로의 다름을 인정해 주어야 한다. 찬란한 우주의 넓은 품 안에서 숨 쉬는 들풀 하나하나가 모두 충만한 생명이다. 아무리 나이가 어려도 우리 모든 존재는 존귀하고 보배로운 생명임을 기억하자. 인도 산스크리트어의 인사말, '나마스떼'의 의미처럼 '나는 당신의 존재를 존경합니다.'라는 고백이 필요하다.

다음으로, 계부모와 계자녀가 서로 소통해야 한다. 우리 옛말에 '3사 1언'이 있다. "세 번 생각하고 한 번 말하라."는 말이다. 열 번 듣고 한 번 말해야 한다. 그렇다. 말 배우는 데는 1년이 걸리고 침묵을 배우는 데는 60년이 걸린다. 특히 계자녀의 말은 속히 듣고 계자녀에게 할 말은 더디 하자. 아무리 좋은 조언도 계자녀의 마음의 문이 닫혀 있다면 전할 수 없다. 아무리 좋은 말이 폭우처럼 쏟아져도 엎어진 대야로는 그 물을 담을 수 없다. '정답'보다는 '정서'다.

그림자를 반듯하게 만들려면 본체가 똑똑히 서야 한다. 계자녀를 훌륭하게 양육하려면 말보다는 행동이다. 거울 속 나는 먼저 웃지 않는다. 내가 먼저 웃어야 거울 속 나도 웃는다. 계자녀를 돌볼 때에 치열하게 거룩한 삶을 일궈라. 치열함이 사라지면 삶은 타락하게 된다. 그러나 위선과 독선은 금물이다.

계자녀를 양육할 때는 속도보다 방향이 더 중요하다. 어떤 일을 하는가(to do) 하는 문제와 어떤 사람이 되는가(to be) 하는 문제를 조화시킨 삶을 살아가도록 코칭하자. 상처가 외부로 향하면 공격적이고 분노 표출이 많아진다. 상처가 내면으로 향하면 우울증이 되고 신체로 향하면 신체적인 병증을 일으킨다. 부모 이혼의 상처가 치유되어 정서적으로 건강한 계자녀가 되도록 하는 것이 중요하다. 부모의 이혼으로 행여나 열등감이 자라나지 않도록 하자. 열등감이 있는 사람은 남에게 쏘지 않은 총알을 만들어서 자신에게 쏜다.

마지막으로 계자녀를 위해서 무릎 꿇은 부모가 돼라. 그런 부모는 그 어떤 망원경보다 멀리 볼 수 있다. 내가 선 이 자리에서 오늘 하루는 하늘에서 내려주신 은총임을 마음에 품어라. 또 '하루는 귀한 일생'이라는 우치무라 간조의 글을 마음에 되새기자.

끝으로 '내가 선택한 재혼, 이 길이 하나님의 뜻이었나?'라고 묻기 전에 '지금 가고 있는 이 길이 하나님의 뜻인가?'하며 매 순간 깨어 있으라.

재혼 가정은 희망과 강점이 있다. 재혼 가정은 다양함을 표방하는 포스트모더니즘 시대에 잘 적응하는 인재를 배출할 수 있다.

최강의 인재로 키우는
유대인의 교육 혁명

가정은 사회의 가장 기본단위다. 그 어떤 조직과 공동체보다 정신적 유산을 전달하는 직접적인 통로가 되는 곳이기도 하다. 한 가정의 향기롭고 아름다운 유산을 'AROMA'라는 단어로 설명하고자 한다.

애정의 A(Affection), 존경의 R(Respect), 질서의 O(Order), 즐거움의 M(Merriment), 인정의 A(Affirmation)가 활짝 꽃피는 가정을 꿈꾸며 자녀를 위한 지혜로운 교육 혁명에 대해서 이야기하고자 한다.

부모 자격증 시대

어떤 부모는 자녀를 독초로 키우고, 어떤 부모는 자녀를 거목으로 만든다. 부모들이여, 자녀를 제자 삼아서 인간 거목이 되도록 하자. 아름드리나무로 만들어 그 그늘에 수많은 사람이 쉬게 하자.

자녀 진로교육에 대한 오해와 편견은 다양하다.

'부모 역할은 배우지 않아도 잘할 수 있다.', '사랑만 있으면 자식은 잘 키울 수 있다.', '잘 먹이고 잘 입히는 것이 가장 중요한 부모 노릇이다.', '자녀가 말을 듣지 않는 것은 자녀에게 문제가 있기 때문이다.', '부모가 시키는 대로만 하면 자녀는 성공할 것이다.'

이렇게 생각하는 부모가 너무나도 많다.

누구나 부모는 될 수 있다. 그러나 참된 부모는 훈련의 과정을 통해서 탄생한다. 버지니아 사티어는 가정을 '사람을 만드는 공장'으로 비유했다. 좋은 아버지, 좋은 어머니는 태어나는 것이 아니라 교육과 훈련을 통해서 태어난다. 혹시 당신은 경험이 부족한 초보 부모가 아닌가?

한 예로, 운전면허를 따기 위해서는 많은 시간을 들여 연습하고 훈련해야 한다. 베스트 드라이버는 혹독한 훈련을 통해서 탄생한다. 하물며 부모 자격증이야 어떻겠는가? 거저 주어지는 것이 아니라 부단한 노력과 훈련으로 가능하다.

유대인 교육의 성과

유대인의 교육은 탁월하다. 미국 400대 재벌 중에서 100명이 유대인이다. 유명 대학교 총장의 90%가 유대인이다. 세계 인구의 0.25%인 1천 400여만 명에 불과한 유대인의 역대 노벨상 수상자는 전체 수상자의 30%인 184명으로 압도적이다.

천재 물리학자 아인슈타인, 심리학의 거장 프로이트, 소아마비 백신을 발명한 의학의 천재 조너스 소크, TV 발명가 데이비드 샤프너, 미술의 천재 화가 샤갈, 영화감독 스필버그, 정치가 키신저도 유대인이다.

왜 그럴까? 유대인은 교육의 천재다. 한국은 교육에 가장 많은 돈을 투자하면서도 교육에 문제가 가장 많다. 미래의 주인인 학생들이 그토록 힘들어하는 이 땅의 교육 제도를 보면 기성세대의 한 사람으로서 면목이 없다. 이제라도 이 땅의 어버이들은 유대인의 자녀교육을 벤치마킹할 필요가 있다.

최고의 학교는 가정

유대인 교육은 일곱 빛깔 무지개 교육이다. 일곱 가지 교육이 무엇인지 살펴보자.

아버지의 권위는 매가 아니라 지혜이며 지혜는 칼보다 강하다는 탈무드 **지혜 교육**.

아이의 미래를 결정하는 것은 성적이 아니라 성품이라는 **인성 교육**.

'남을 이겨라.' 대신 '남과 다르게 돼라.'며 차별화시키는 **적성 교육**.

부모와 자녀, 교사와 학생, 친구와 친구가 짝이 되어 토론하며 배우는 **하브루타 교육**,

도전과 실패를 용납하는 **창의성 교육**,

사고력을 이끌어내는 **독서 교육**.

푸슈케(구제함)가 있는 **공동체 교육**,

음식만 먹이는 것이 아니라 지혜도 함께 먹이는 **밥상머리 교육**.

이것이 유대인 교육의 요체다. 최고의 학교는 가정임을 잊지 말자.

〈삶〉

사춘기 자녀와의 소통, 비전을 바라보게 하라

사춘기는 질풍노도의 시기다. 대상 관계 정신분석학자, 에릭 에릭슨(Erik Erikson)은 인생의 여덟 단계 사회 심리적 발달단계를 논하면서 사춘기는 자아정체성을 갈망하는 시기라고 말한다. 인생의 주기마다 반드시 풀어야 할 과제가 있다. 청소년기 과제는 네 가지로 요약될 수 있다. 그 과제에 대해 부모가 관심을 가져야 한다.

먼저 '나는 누구인가?' 다. 요즘 청소년은 인터넷, 스마트폰 등 영상매체와 함께하는 시간이 많아 상대적으로 대인관계를 통해 자신에 대한 깨달음이 적다. 따라서 자신이 누구인지 알기 힘들다. 집단상담을 통해서 '내가 보는 나', '타인이 보는 나' 등을 나누면 좋다.

예를 들면 MBTI, 에니어그램 성격 분석 검사를 통해서 자신을 알아가도록 해주자. '나는 이런 사람이야'라는 제목의 글을 발표해 보는 것도 좋다. 자신의 강점을 담은 인디언식 별칭을 스스로 선물하도록 하는 것도 방법이다. 또한 '나는 누구인가?'를 주제로 100자 원고지에 자기 삶의 절실한 비전, 갈망 등을 적어보라.

둘째, 삶에서 붙들어야 할 가치를 정해야 한다. 차를 마시면서 '내가 가장 붙잡고 싶은 삶의 가치는 무엇인가?' 하는 주제로 가족 토론회를 하면 부쩍 친근해진 가족애를 느낄 수 있다. 사춘기 자녀와 소통이 쉬워진다.

기질에 맞추어 소통하라

셋째, 이성에 눈을 뜨는 시기다. 이성 친구에 대해서 부모와 자유롭게 이야기할 수 있다면 자녀와의 의사소통은 성공한 것이다. 이성 관계를 넘어 대인관계 성공법 등을 함께 이야기한다면 금상첨화다. 다혈질 친구에게는 격려와 칭찬을 해주고 담즙질 친구에게는 그들의 리더십을 인정해 주자. 그리고 우울질 친구에게는 완벽함에 대한 갈망을 이해해 주고 점액질 친구에게는 존중을 표현하자고 은근히 이야기해 주면 좋다.

넷째, 진로상담이 필요하다. '배를 만들게 하려면 바다를 보여주라.'라는 탈무드의 지혜가 있다. 자녀가 비전을 붙잡으면 대화도 훨씬 잘 풀린다. 홀랜드 직업 탐색 검사를 통해서 사춘기 자녀의 적성이 무엇인지 함께 이야기하면 좋다. 엔지니어 등 공과 적성의 실재형인가? 교수 적성의 탐구형인가? 창조하는 적성의 예술가형인가? 사람을 잘 다루는 사회형인가? CEO 적성인 기업형인가? 은행원이나 공무원 적성의 관습형인가? 주 성향, 부차적 성향이 밝혀지면 홀랜드 진로코드 분류표에 나온 직업 쉰 개 중의 하나를 골라서 연구하고 준비하며 계획표(일주일, 한 달, 1년, 5년, 10년)를 작성해 보자.

부모의 지혜는 매보다 강하다

사춘기 자녀와 대화할 때 당신의 듣기 유형은 어떤가? 전지 자유형, 분석가 유형, 도덕가 유형은 피하자.

공격형 메시지보다는 나의 감정만을 전하는 나 주장법(I Message)을 사용하자.

시각의 전환을 일으키는 대화를 하자.

동의하지 않을 때도 "너의 말은 ~라는 이야기지?" 하고 반영해 주자.

자녀의 안에 보석을 찾아주며 대화하자. 광석을 찾아내는 광부처럼 말이다.

자녀가 리포트형인가 아니면 라포형인가에 맞춰 대화하자.

부모의 권위가 아니라 지혜로 대화하자.

이론이 아니라 삶으로 가르치자.

직면은 비유로 하자. 일본 릿쇼대학 심리학 교수, 나히토 요시히토가 말하는 DTAG(Drieving Toward A Goal) 기법으로 하자. 분명한 목적과 이유가 동기부여의 큰 역할을 하기 때문이다.

사춘기 자녀를 이끄는 힘, 비난이 아니라 칭찬

사춘기 자녀가 비전을 붙잡고 결정할 때는 선택과 집중이 중요하다. 거북이, 토끼, 독수리와 오리가 모여서 경주를 했다. 바다에서는 잠수를 잘하는 거북이가, 육지에서는 뜀뛰기를 잘하는 토끼가, 하늘에서는 새 중의 왕 독수리가 1등을 했다. 오리는 전 종목에서 2등을 했다. 거북은 선박 회사가, 토기는 자동차 회사가, 독수리는 항공 회사가 채용했다. 하지만 오리를 데려간 회사는 없었다.

꿈을 향해 나가다보면 역경을 만나기 마련이다. 그 역경을 피하기보다 맞서게 하자. 세찬 겨울, 칼바람이 불어 닥칠 때 바람을 피해서 등지고 달려간 소들은 모두 압사하거나 얼어 죽었다. 그러나 바람을 맞고 거슬러 가며 땀을 흘리는 헤리포드 종의 소는 한 마리도 죽지 않고 살아남았다.

사춘기 자녀와의 소통, 먼저 비전을 바라보게 하고 소통하자. 기

〈엄마와 아기 코끼리〉

질에 튜닝하는 지혜로 소통하자. 비난이 아니라 칭찬이 사춘기 자녀
를 이끌도록 하자.

자존감을 향유한 건강한 자아

나는 누구인가.

나는 무엇을 바라보고 있는가.

나는 무엇 때문에 울고 있는가.

조용한 시간에 나는 나에게 종종 이 같은 질문을 한다.

나치 정권에서 감옥에 있던 유대인 지도자 본회퍼(Bonhoeffer)는 감옥에서 나와 민중 앞에 섰을 때는 마치 거대한 성(城)에서 나오는 성주(城主)처럼 의연하고 유쾌하며 당당한 모습이었다. 그런데 이것이 진짜 자신의 모습인지 혼란스러워했다. 한편, 감옥 안에서의 그는 마치 새장에 갇힌 새처럼 불안하고 갈망하는 모습이었다. 이러한 병든 모습이 진정한 그의 모습인가? 본회퍼는 '진정 나는 누구인가?'라고 절규했다. 그가 쓴 시를 보자.

나는 누구인가?

그들은 종종 내게 말한다.

내가 감방에서 나올 때의 모습은

마치 거대한 성(城)에서 나오는 성주(城主)처럼

의연하고 유쾌하며 당당했다고.

정말 나는 그들이 말하는 바로 그 사람인가?

아니면 나는 나 스스로가 알고 있는 바로 그 사람에 불과한가?

마치 새장에 갇힌 새처럼

불안하고 갈망하며 병든 나

마치 누군가가 내 목을 조르는 것처럼

숨을 쉬기 위해 안간힘을 쓰는 나

인간과 다른 피조물과의 차이점은 인간만이 자신을 알 수 있는 힘(power of self awareness)을 부여받았다는 데 있다. 그런데도 자신으로 살지 못하는 페르소나의 삶, 즉 가면을 쓰고 사는 사람들이 많다.

그런 삶은 얼마나 공허한가.

경쟁 시대에서 자신의 약점을 감추는 데 급급한 자는 숨기는 영역 (hidden area)이 많은 사람이다. 또한 주위 모든 사람들은 자신의 특성을 알고 있는데 당사자만 모르는 사람은 맹목적 영역(blind area)이 넓다고 봐야 한다.

신이 내게 주신 보석을 찾아서 차별화된 꿈을 향해 가다 보면 경쟁적 삶의 구도를 버리게 된다. 숨기는 영역이 줄어들고 건강한 자아로 살아가게 된다.

또한 공동체 생활을 많이 해서 나 자신을 더욱 알아 감으로써 맹목적 영역을 좁히면 건강한 자아로 살아가게 된다.

묵상과 사색을 통해서 나도 모르고 남도 모르는, 내 마음속의 미지의 영역(unknown area)을 좁혀서 건강하게 살자.

건강한 자아로 살려면 나 자신이 먼저 나를 인정해야 한다. 자존감이 무너지면 정신이 병든다. "자기와 사이가 나쁘면 다른 사람과도 사이가 나쁘게 된다."는 발자크의 말이 생각난다. "자신을 먼저 사랑해야 남을 사랑할 에너지를 갖게 된다." 건강한 자아로 살고 싶은 나의 귓가에 들려오는 소리다.

자존감의 문제는 대물림된다. 자신을 하찮게 여기는 자는 자녀까

지도 하찮게 여긴다. 자존감은 행복지수와도 깊은 연관이 있다는 연구 결과가 있다. 자존감이 낮으면 성공해도 행복을 느끼지 못한다는 것이다.

자녀와 배우자를 건강한 자아로 살게 하려면 칭찬을 많이 해주자. 언젠가 남편과 함께 참석한 부부 세미나에서 배우자에게 별명을 지어주는 시간이 있었다. 그때 '작은 거인'이라는 별명을 받았다. 살아가면서 나 자신에게 회의감이 생길 때, 그 별명을 떠올린다. 그러면 자존감이 올라가면서 그에 걸맞게 살고 싶은 갈망이 생긴다.

"내가 동의하지 않는 한 나는 열등한 사람이 될 수 없다."라는 엘리너 루스벨트의 말에 정신이 번쩍 든다. 나라는 존재는 상품이 아니라 창조주가 만드신 유일한 작품이다. 내 안에 보석을 발견하는 광부가 돼서 건강한 자존감을 가지고 어제보다 더욱 힘차게 오늘을 살아가자. 힘들지만 충분히 아름다운 삶의 여정을 완주하자.

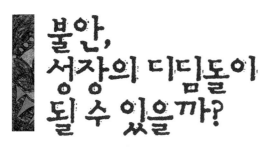

불안, 성장의 디딤돌이 될 수 있을까?

에덴에서 추방되어 원초적 상실을 경험한 인간에게 불안과 두려움은 삶의 동반자나 다름없다. 불안의 보편성 혹은 실존적 불안이라고 할까? 불안의 종류로는 특정 장소, 특정 대상에 대한 불안, 강박증에서 오는 불안 등 해로운 불안이 있는가 하면 성장에 기폭제가 되는 건강한 불안도 있다.

불안의 원인은 심인성 불안과 환경적 불안이 있다. 여기서는 심인성 불안의 원인에 따른 처방전을 이야기하고자 한다.

첫째, 트라우마를 어떻게 극복할 수 있을까? 불안은 생애 초기에 입은 어린 시절 트라우마에서 온다. 라깡의 되살리기(reviviscence) 삼단계 기법으로 생애 초기 덧입었던 불안을 떨쳐 버려라. 이를 위해서는 먼저, 외상을 재현해야 한다. 그러고 나서 과거의 외상적 상황과 조금씩 친숙해져야 한다. 마지막 단계로 반복되는 되살리기 경험을 통해서 환상 속의 인물과 나를 동일시하는 것을 그만두고 그 상황을 감정과 분리하라.

시골의 우물을 다시 사용하려면 우물 밑바닥에 있는 오염물을 샅샅이 긁어내야 한다. 시골의 우물처럼 우리 상처의 찌꺼기들을 내면의 밑바닥으로 내려가 끌어내야 한다. 오염된 우물을 그저 덮어놓고 상처를 모른 척하면 그 안에서 썩게 된다. 곪아 터지는 장기를 그대로 갖고 사는 셈이다. 되살리기(reviviscence) 삼단계 기법으로 내면을 치유하면 상처를 떠나보낼 힘이 생기고 불안해지지 않는다.

둘째, 스트레스로부터 불안을 전이 받을 수 있다. 스트레스 문제에 대한 대처 계획서를 작성하라. 그 과정을 통해서 갈등을 인식하고 직면하라. 아브라함 목자와 롯의 목자가 목초지를 놓고 싸우는 상황에서 이들은 목초지가 절대적으로 부족한 상황을 인식하고 계획을 세웠다. 그처럼 불안한 문제에 대한 계획을 하나하나 세우라.

스트레스로부터 해방되려면 내가 모든 일을 완벽하게 처리해야 한다는 비합리적 신념에서 벗어나야 한다. 완벽주의자 성향, 타인 일에 지나친 간섭 등 비합리적 신념에서 해방되도록 하자. 스트레스 목록을 작성하고 과도한 목표는 아닌지 점검하자.

셋째, 멜라니 클라인이 말하는 편집 분열적 자리에서의 피해망상, 즉 편집적 사고가 불안의 원인이 될 수도 있다. 편집 분열적 자리에 계속 머물면 내 안의 살아 있는 생명의 모든 것을 없애버리고자 하는 마음과 불안이 싹튼다. 내적 대상이 나를 옥죄어 오는 것 같은 느낌, 내가 여기, 이곳에서 필요 없는 존재이며 이물질처럼 느껴짐으로써 불안이 유발되기도 한다. 이럴 때는 좋은 광천수가 곳곳에서 터져 나와야 치유된다. 무조건 품어주는 배우자, 친구가 절실하다.

넷째, 낮아진 자존감이 불안을 일으키는데 낮은 자존감은 자녀에게 대물림되기도 한다. 불안도 마찬가지다. 자녀의 스펙보다 더 중요한 것은 엄마와 자녀가 맺는 긍정적인 관계다. 엄마는 자녀의 성격 형성에 가장 중요한 무의식의 영역에 영향을 미친다. 자녀에게는 엄마가 피난처고 응원군이다. 엄마가 든든하게 곁을 지켜줘야 자녀가 건강한 자존감을 갖게 된다. 한 생명이 탄생하려면 2억 대 1의 경쟁을 뚫고 나가야 한다. 그들은 하나의 공산품이 아니다. 드넓은 우

〈의자〉

주에서 유일한 소중한 작품임을 잊지 말자. 내 안의 보석 찾기, 잊지 못할 칭찬 나누기, NLP 이론에서 하는 과거의 성공 경험 떠올리기 등으로 건강한 자존감을 구축하라.

그러기 위해서는 촉진적인 환경이 필요하다. 오랜 지인이 말하길 엄마 돼지가 출산하다가 죽고 남은 새끼 돼지들을 양육하고자 할 때 촉진적인 환경을 형성하는 것이 어렵다고 했다. 자녀에게 있어서 최고의 촉진적인 환경은 행복한 부부관계, 좋은 부부 금실을 보여주는 것이다. 부유하고 그렇지 않고는 그다음 문제다.

무의식은 인간 정신세계를 휘두르는 엄청난 힘이 있다. 최초로 관계를 맺는 대상과 위니컷이 말하는 촉진적인 환경, 안아주는 환경이 형성되지 않을 경우, 상담가가 대신 나서서 좋은 어머니 역할을 해야 한다. 어머니처럼 내담자를 안아주고 통합적 인격이 되도록 도와주면 불안이 훨씬 경감된다.

다섯째, 걱정 인형에게 걱정을 내어주는 위임하기(empowerment)가 필요하다. 모세가 백성의 송사 사건을 혼자 해결하느라 몸과 마음이 지쳤을 때, 장인 이드로는 장로들에게 송사를 나누어 위임하라고 조언한다. 장인의 의견을 따른 모세는 더 이상 불안하지 않았다.

이처럼 삼겹줄이 외겹줄보다 강하다.

여섯째, 삶을 타인과의 경쟁 구도로 보지 말라. 나는 인도 산스크리트어의 인사말, 나마스테라는 말을 좋아한다. 나마스테의 뜻은 "나는 내 앞에 있는 당신과 당신의 삶을 존경합니다."이다. 경쟁 구도로 타인을 보지 않고 오히려 그 사람을 품을 때 불안이 경감된다.

불안한 상황과 문제를 내 삶의 강점으로 변화시킨다면, 삶을 경쟁적 구도로 보지 않고 오히려 나만의 차별화된 꿈을 찾아간다면, 불안은 성장의 디딤돌이 될 수 있다. 불안을 통해 무너지는 것이 아니라 오히려 머리를 들어 절대자를 대면할 기회를 얻을 수 있다. 즉 영적 관문이 성장의 길을 열어주는 것이다.

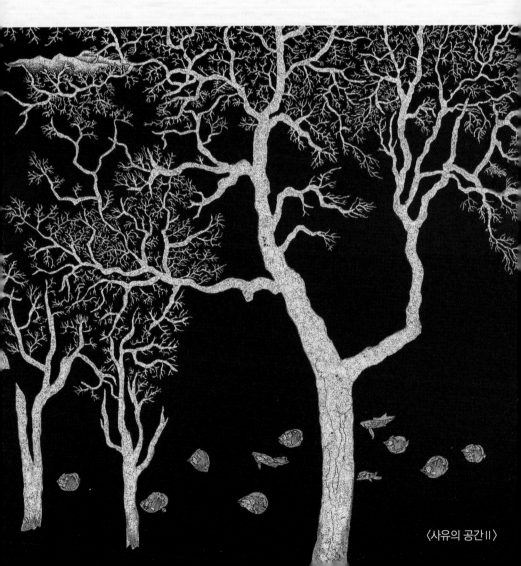

겨울
노년기 가족 이야기

〈사유의 공간 II〉

조금

설탕을 조금 가지고도
음식 맛이 달게 된다네.

비누를 조금만 가지고도
내 몸이 깨끗하게 된다네.

햇볕을 조금 가지고도
새싹이 자라난다네.

조금 남은 몽당연필로
나는 책 한 권을 쓸 수 있다네.

조금 남은 양초,
하늘하늘 춤추는 불꽃이,
여전히 어둠을 밝힌다네.

– 엘리자베스 노벨

9회 말 홈런으로
승리의 인생을 만들자

젊을 때 성공해도 나이 들어 불행해지면 성공한 인생이 아니다. 죽기 전 노년 인생을 황금기로 만든다면 이것이야말로 진정한 인생 승리이리라. 백세 시대가 되면서 노년기로 인생의 3분의 1을 보내게 되었다. 대충 살다 가기엔 길고도 소중한 시간이다. 은밀한 곳으로 물러나는 은퇴가 아니라 정말 살고 싶던 모습으로 후반의 30년을 살아야 하지 않을까?

전 생애 발달론에 따르면, 아기는 씹는 법을 배우면서 빠는 법을 잊는다. 또 걸음마를 배우며 기는 법을 잊는다. 이처럼 얻고 잃는 변화를 발달이라고 한다면 노년은 건강은 잃어가지만 지혜는 채워가는 시기다. 결정형 지능은 잃지만 유동형 지능은 증진된다.

유년은 만물이 깨어나는 봄, 청소년·청년기는 꽃피는 성장의 여름, 중장년기는 열매 맺고 월동을 준비하는 가을, 노년은 수확한 열매를 더욱 가치 있게 가공해서 누리는 인생의 황금기다. 그렇다. 노년은 백발의 면류관이 자랑스러운 시기다.

호모 헌드레드 시대를 맞이하여 노년기에 대한 작은 담론을 펼쳐보고자 한다. 2050년이 되면 우리나라 65세 이상 인구가 전체 인구의 38%가 된다. 노년기가 행복해야 우리 사회 행복도가 높아간다. 노년기를 어떻게 받아들이고 준비하느냐에 따라서 삶의 질이 크게 달라진다.

황금빛 나는 노년의 사람들

현재 개업의로 활동 중인 101세의 일본인 내과 의사는 건강 백세 시대의 교과서나 다름없다. 그는 세계를 무대로 강연을 하는데 24시간이 부족할 정도다. 93세에 등단한 세계 최고령 시인 시바타는 '한숨짓지 마, 햇살과 산들바람은 한쪽 편만 들지 않아.'라는 주옥같은 치유의 시를 쓰다가 100세의 일기로 작고했다.

지금이 인생의 황금기라고 고백한 노인들이 적지 않다. 93세 때의 빌리 그레이엄 목사, 창작 오페라 〈손양원〉의 작곡자인 구순에 박재훈 목사, 크리스천에겐 은퇴란 없다고 선포한 이시영 전 유엔 대사,

정년 후에 17년의 집념으로 세계적인 의학 교과서를 펴낸 박용휘 가톨릭 의대 명예 교수, 신인 문학상을 거머쥔 75세 문학소녀인 구로다 나쓰코 등.

지미 카터 대통령은 임직 때는 경제, 외교에서 실패하고 비난의 대상이 되었다. 하지만 임기가 끝나고 땅콩 농장으로 돌아가 국제 분쟁을 막고 중재하는 카터센터 만들었다. 그는 가난한 이들에게 집을 지어주는 해비타트운동으로 78세에 노벨 평화상 받으며 가장 인기 없는 대통령에서 가장 존경받는 전직 대통령이 됐다.

이뿐만이 아니다. 열여섯 개 봉우리를 완봉한 후에 환경 운동가로 변신한 등반가 엄홍길, 〈전국 노래자랑〉의 30년 국민 MC 송해, 91세에 마지막 대표작을 완성했던 샤갈, 93세에 경영학 이론 세웠던 경영학의 대가 피터 드러커에게서 빛나는 노년의 모본을 찾을 수 있다.

9회 말에 홈런으로 황금빛 노년을 만들자

노화의 유형은 다양하다. 엄격한 자기통제형인 괘종시계형, 주인공 자리를 절대 양보하지 않는 멀티플레이형, 무념무상·포기·꼭꼭 숨어 지내는 공수래 공수거형, '요즘 것들은…'이라고 말하며 돈으로 무엇이든 해결하는 독불장군형, '분통 터진다, 내 인생 돌리도!'라고 외치는 한오백년형이 있다.

〈Presentation〉

　가장 바람직한 노화의 유형은 무엇일까? 먼저 노화에 적응하고 사회 변화를 이해하며 자기 계발과 학습에 게으르지 않아야 한다. 또 다양한 인간관계를 맺으며 적극적이고 능동적인 삶을 구가해야 할 것이다. 그런 의미에서 사회에 능동적으로 참여하되 다양한 활동보다 진정으로 자신이 원하고 더 나은 세상을 꿈꿀 필요가 있다. 이렇게 '의미 있는 인생'에 초점을 맞추고 사는 저녁 노을형이 가장 바람직하다.

　평생 종사했던 일을 체력에 맞게 발전시키는 것도 해볼 만하다. 9회 말에 홈런을 칠지 누가 아나.

 조부모는 손자녀에게 최고의 친구

청소년·청년기는 꿈을 키우고 중장년기는 꿈을 실현하고 노년기는 꿈을 마무리하는 시기이다. 노년기의 키워드는 지혜, 평화, 자아통합이다.

지혜와 평화를 안은 조부모와의 만남은 손자녀에게는 아주 멋진 선물이 될 것이다. 조부모는 학업으로 스트레스를 받는 손자녀에게는 정서적인 안정을, 맞벌이 부부로 바빠 부모의 훈육이 부족한 손자녀에게는 생활 지도의 좋은 안내자가 될 수 있다.

손자녀들은 조부모를 통해 노년기의 심리적, 신체적, 사회적 상황을 미리 접하게 된다. 조부모와 시간을 보내는 손자녀는 그렇지 않은 아이들보다 일찍 자신의 노년기를 설계할 수 있다. 일상생활에서 쉽게 접하기 힘든 전통을 배우고 조부모의 지혜와 경험을 전달받아 폭넓은 지식을 얻을 수 있다.

한편 조부모들은 손자녀와 접촉을 통해서 젊음과 활력을 다시 찾게 된다. 그러면서 생물학적으로 젊어지는 것을 느낀다. 과거와 현재, 미래가 연결되어 있다는 것을 경험하며 손자녀를 통해서 자신이나 자녀들이 이루지 못한 성취감을 기대할 수 있다.

노인과 떨어져 성장한 아이들 – 문화적 손실

문화 인류학자 미드(Mead)는 전통사회의 노인 세대는 경험과 연륜이 많은 세대로서 자녀와 손자녀 세대에게 문화를 전수하는 역할을 해왔다고 주장한다. 그러나 현대사회로 접어들면서 핵가족화가 진행되고 손자녀는 물리적으로나 심리적으로 노인과 떨어져 성장했다. 그 결과 결코 적지 않은 문화적 손실을 입었다.

4~5세 손자녀들은 자신을 사랑해 주고 관대한 조부모를 좋아한다. 책 읽어주는 조부모, 인형극 공연을 해 주는 할머니 극단, 전통 놀이를 가르쳐 주는 할아버지를 좋아한다. 또한 초등학교 입학기의 손자녀들은 함께 활동을 즐기는 조부모를 따른다. 그러나 초등학교 고학년이 되면 점차 손자녀는 조부모와 떨어져 있고 싶어 한다. 그

리고 청소년기는 입시 준비로 집안 행사에 참석하지 못하게 되면서 조부모를 만날 기회조차 없어진다.

조부모와 손자녀가 좋은 친구 관계를 이어가려면 몇 가지 유념해야 한다.

조부모는 자녀세대와의 관계를 원만하게 유지하며 인격적 성숙과 심신의 건강, 젊은 세대에 대한 이해와 배려, 대인 기술이 필요하다.

중간 세대인 부모는 조부모의 건강을 수시로 확인해야 한다. 건강에 무리가 되지 않는 범위 내에서 손자녀를 돌보게 하며 감사를 잊지 말아야 한다. 또한 조부모와 손자녀간의 중재자가 되어야 한다.

손자녀 세대는 조부모의 소중함에 대한 인식과 공경하는 태도, 정기적인 조부모와의 접촉을 유지하고자 마음을 써야 한다.

훈계가 아닌 격려, 비판이 아닌 위로와 따뜻한 미소

요즘은 할아버지가 손자 손녀의 '육아 성장 일기'를 쓰고 할머니가 고등학교 입시 설명회에 참석하는 경우가 적지 않다.

최근 조손가정은 1995년 3만 5194가구에 비해서 약 29% 증가하고 있다. 앞으로 조손가정은 가족 구조 및 기능의 변화, 가족 해체 증가, 평균 수명 증가 등 복합적인 요인들이 서로 맞물려 계속 증가할 것이다. 조손가정이 증가하는 시대에 조부모는 육아에 대한 지식을 배워야 한다. 최근 여러 단체에서 저출산 문제의 대안으로 조부모 육아교실 등을 열고 있다.

조부모가 손자녀와의 긴밀한 관계를 유지하려면, 손자녀를 대할 때 점검이 아닌 따뜻한 미소, 훈계가 아닌 격려, 비판이 아닌 위로를 준비해야 한다.

손자녀들에게 "숙제 다 했니?"라고 묻기 전에 눈을 맞추고 따뜻한 미소로 맞아주자. 그래야 손자녀가 성장한 후에도 항상 웃어주던 할머니 할아버지의 모습을 기억한다. 이렇게 되면 손자녀 양육은 성공이다.

육아관이 자녀와 달라서 손자녀 양육을 포기하기도 한다. 그럴 때는 자녀와 의논하여 일관성 있는 교육 지침을 세우도록 한다. 또한 손자녀를 과잉보호하지 말아야 한다.

손자녀들은 색깔이 밝고 예쁜 옷을 입고 화장도 화사하게 한 할머니를 좋아한다. 영어 단어도 함께 공부하고 만화책도 같이 읽는 할아버지를 좋아한다. 무엇보다 아이들의 시각으로 아이들의 문화를 이해하려는 노력이 필요하다.

필자에게는 두 돌이 지난 손자가 있다. 미국에 살고 있어 자주 만나지 못하기에 그리움은 더욱 쌓이는 것 같다. 만약 나에게 손자를 교육할 기회가 생긴다면 탈무드 지혜 교육, 품성 교육, 하브루타 토론 교육, 적성 교육, 창의 교육, 독서 교육, 비전 교육 등 유대인의 일곱 빛깔 무지개 교육을 시키고 싶다.

삶을 통해 가르치자

조부모는 훈계가 아니라 삶을 통해서 손자녀를 가르쳐야 한다. "~하지 말라."라는 말보다 조부모 스스로 경건하게 사는 모습을 보여주는 것이 효과적이다. 낮잠을 자거나 텔레비전을 보는 모습이 아니라 책을 읽는 모습을 보여주자. 조부모가 먼저 스스로 하늘에는 신앙, 이웃에게 신의, 자신에게 신념의 삶을 보여줄 때, 손자녀 교육은 더욱 빛을 발할 것이다.

행동은 말보다 울림이 크다.

노년기 자살
Why?

자살 인구의 27%가 65세 이상 노인이다

우리나라가 초고령 국가로 진입함에 따라 2050년이면 65세 이상 인구가 전인구의 38%를 차지한다고 한다. 아직 최고의 고령 국가는 아니지만 고령화 속도가 세계 1위인 요즘 독거노인, 노인 빈곤율, 노인 자살률 증가가 사회적 이슈가 되고 있다. 자살 인구의 27%가 65세 이상 노인이라니 가슴이 아프다. 여성 노인이 자살 생각을 많이 하나 시도는 남성 노인이 더 우세하다. 노인 자살률이 최근 30% 증가하고 있다는 보고는 이 사회의 구성원인 우리의 가슴을 죄책감으로 멍들게 한다.

노년기 자살 원인은 4고(苦)와 자존감 상실이다

어르신의 자살 요인은 살아온 세월의 길이만큼 복합적이다. 우선 거시적 원인으로는 모노 아이덴티티의 사회문화적 요인이 있다. 그가 어떤 직업을 가졌냐가 유일한 잣대인 사회에서 문제를 찾을 수 있다.

노년기 4대 고통은 건강 고(苦), 경제 고(苦), 고독 고(苦), 무위 고(苦)다. 노년의 4고(苦)에서 노인 자살의 원인을 찾을 수 있다.

또한, 노년기 우울증이 원인이 된다. 우울증 원인으로는 과거에 누렸던 명예와 사회적 관계망의 상실이 있다. 대상 상실과 자존감 상실이 가장 큰 원인이라 할 수 있다. 내적 분노와 내적 불안은 그 다음이다.

요즘 사회 현상인 황혼 이혼의 증가 또한 노인 자살률을 부추긴다. 누적된 스트레스도 원인일 수 있다. 작은 스트레스도 가랑비에 옷 젖는 식으로 큰 스트레스로 축적되면 자살의 요인이 된다. 일 중독인 사위에게 "자네, 건강에 신경 쓰면서 일하게나."하고 충고하자 "신경 쓰지 마세요."하는 반응을 들었다면 그분의 마음은 어떨까? 어르신들은 조금 쌀쌀맞은 대답을 듣기만 해도 서운해하고 스트레스를 받는다. 또한 자식에게 폐가 되지 않겠다는 비합리적 신념이 노인으로 하여금 자살 충동을 느끼게 한다.

노인의 자존감을 살리는 사회, 환경을 만들어야 한다

직업이 인간 평가의 척도가 되는 모노 아이덴티티 사회에 노인 자살의 책임을 묻고 싶다. 그 사람의 직업보다는 그 사람의 존재 자체로 그 사람을 평가하는 사회가 돼야 한다. 소유보다는 존재가 먼저다. 지혜가 날리는 은빛 노년도 충분히 아름답다는, 사회적 합의가 필요하다.

고독은 인간의 실존이다. 특히 어르신들은 외로움을 탄다. 어르신들이 바깥으로 나오도록 해야 한다. 다양한 매체(시니어 스쿨, 그림 그리기, 등산, 육아 공부, 언어 공부)를 통해 어르신들이 활동할 수 있도록 하자.

그런 다음 자아존중감이 떨어지지 않도록 돕자. 문화의 전수자로, 자녀세대의 부족한 부분을 지혜로 채워주는 역할을 수행해서 자부심을 느끼게 하자. 잘했던 경험, 칭찬받았던 경험 반추해 보기 등이 자존감을 높여드리는 방법이다.

어르신을 실용성이 없어진 쓸모없는 사람으로 보는 편견에서도 벗어나야 한다. 관점을 바꿔서 어르신을 젊은이가 따라잡을 수 없는 지혜의 보고라고 생각하자. 그러면 말 한마디를 할 때도 어르신이

〈샹들리에〉

상처받지 않게 조심할 것이다. 그것이 노년기에 내적 분노와 스트레스가 쌓이지 않도록 돕는 지름길이다. 노년기 자살률을 높이는 황혼 이혼에 대해서도 대책을 세워야 한다. 먼저 할아버지는 가부장적인 개념에서 벗어나자. 할머니는 직장 상실 등으로 자존감이 실추된 남편의 자존감을 떨어뜨리는 언행을 삼가자.

비합리적인 신념에 대한 치료도 필요하다. 예를 들면 인지행동 치료를 통해서 '인정받고 사랑받아야만 한다.'라는 당위성(should) 개념을 타파해야 한다. '넌 인생 폐품이야, 쓸모없어.'라는 부정적인 자기 대화를 중단케 하자.

유년기가 만물이 소생하는 봄, 청년기는 만물이 자라는 여름, 장년은 추수를 기다리는 가을, 노년은 수확의 기쁨을 누리는 겨울이다. 계절은 그 특유의 빛깔로 아름답다고 이야기해 드리자.

어르신을 은빛 지혜를 가진 문화 전수자로서 존중하고 사회와 가정 안에서 봉사의 터를 세울 수 있도록 도와서 노년기 자살 충동을 예방하자.

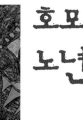

호모 헌드레드 시대,
노년의 지혜가 경쟁력

2050년이 되면 우리나라 65세 인구가 전 인구의 38%를 차지하게 된다.

태어나면 백세까지 산다는 호모 헌드레드 시대다. 우리나라는 현재 세계 최고령 국가는 아니지만 고령화 국가로 진입하는 속도가 세계 최고다. 그런데 출산률은 낮아지고 있다. 우리나라 출산률은 1.08명으로 세계 최저다.

전 인구의 40%를 차지하는 노년기 인구를 어떻게 이끌고 가야 하는가 하는 명제가 이 땅의 사회적 화두가 됐다.

센트리안 시대가 도래하면서 삶의 패러다임이 변하고 있다. 65세 은퇴 후에 엉뚱한 30년이 생긴 것이다. 어떤 교수가 65세 은퇴 후

이젠 좀 쉬라는 주위의 말을 듣고 30년을 엉망으로 살았다고 한다. 그리고 95세가 될 즈음, 너무 원통해서 영어 학원에 다니기 시작했다고 한다. 노년을 어떻게 받아들이고 준비하는가에 따라서 삶이 달라진다.

인생 경험과 지혜가 바로 경쟁력이다

노년기 3대 이슈는 건강, 일, 사회적 관계다.

첫 번째 이슈인 건강을 지키기 위하여 예방 의학으로 승부하자. 죽을 각오로 근력 운동, 장력 운동, 유산소 운동을 하자.

두 번째 이슈로 일하는 아름다운 노년을 구가하자. 40년을 일하면서 얻은 지혜, 인생의 깊은 경험은 경쟁력이다. 노인 일자리 고용률이 세계 1위인 영국처럼 노인 노동력에 대한 사회적 인식이 전환되어야 한다. 우선 젊은이가 기피하는 직종이나 노인이 잘하는 직종을 선택(실버산업)하자. 노인 일자리를 위한 도시 농업화의 기점으로 슬럼가를 개발하면 좋겠다. 독일은 해외 노동력이 지나치게 많이 투입되면서 문제점이 많았다. 급기야 해외 노동력 투입을 저지하는 법을 만들었다. 이러한 선례에서 배워야 한다. 노동력이 필요한 곳에 노인 노동력을 투입하는 노력이 필요하다.

세 번째 이슈, 사회적 관계 문제다. 사랑을 받으려고만 하면 노년이다. 그러나 사랑을 받고 줄줄 아는 한 청춘이다. 항상 감사하고 칭찬하고 격려하며 인간관계의 윤활유인 유머를 잊지 말자.

노년은 빛깔을 내면서 자아통합을 실현하는 시기다

노년기의 특유한 빛깔을 내면서 완성되는, 다양한 유형을 살펴보자. 자아통합을 이루는 노년, 고이고이 쌓아 두었던 삶의 지혜로 젊은이를 지지하며 위로하는 노년, 변화하는 세상에 대해 개방적인 노년, 문화의 전수자로 우뚝 서는 노년, 지혜롭고 평화로운 노년의 모습 등이 있다.

늙지 않는 것이 아니라 잘 늙는 노하우를 익히자

엘리자베스 노벨은 노년에 친구들을 위한 중보 기도문으로 단칸방을 도배하고 "설탕을 조금 가지고도 음식 맛이 달게 된다네. 비누를 조금만 가지고도 몸이 깨끗하게 된다네."하고 노래했다. 내가 아는 70대 어느 권사님은 사람들의 아픔을 들어주며 사랑을 나누고 있다. 일상은 봉사로 바빴고 매일 해야 할 일과 목표로 기뻐서 하루하루가 은총이고 축복이다.

노년기의 새로운 정체성을 획득하고 이때만 얻을 수 있는 평화로운 모습으로 살고 싶은가? 노년기의 역할을 제대로 했던 권사님처럼 늙지 않는 것이 아니라 잘 늙는 노하우를 익혀야 한다. 그렇게 되면 자녀들에게서 "우리 부모님이 가신 노년의 발자취를 나도 따라가

〈교감〉

고 싶다."는 고백을 듣게 될 것이다.

유아기, 청소년기, 장년기, 노년기 인생의 모든 주기에서 사람들
은 각각의 특유한 빛을 발한다. 이들은 서로 조화를 이루어가는 행
복한 사회를 꿈꾼다.

이상을 잃기 시작할 때 늙기 시작한다

나이를 더해 가는 것만으로

사람은 늙지 않는다.

이상을 잃어버릴 때 비로소 늙는다.

Nobody grows old merely by a number of years

We grow old by deserting our ideals.

그대에게도 나에게도

마음의 눈에 보이지 않는

우체국이 있다.

인간과 하나님으로부터 아름다움,

희망, 기쁨, 용기, 힘의 영광을 받는 한

그대는 젊다.

In the center of your heart and my heart

there is a wireless station:

so long as it receives messages

of beauty, hope, cheer, courage and power

from man and from the infinite,

so long are you young.

  내가 사랑하는 사무엘 울만(Samuel Ullman)의 〈젊음〉이라는 시의
한 구절이다. 그의 시처럼 우리는 나이가 들어서 늙는 것이 아니라 꿈
을 잃었을 때 늙는 것이다. 20대 노인이 있는가 하면 80대 청년이 있
다. 디즈니는 54세에 디즈니 왕국을 건설했고 갈릴레이는 68세에 지
동설 주장했다. 코코 샤넬은 71세에 파리 상점을 오픈하며 복귀했다.

인생은 꿈의 크기만큼 성장한다

  소년은 자신의 마을에 영웅이 나타나서 다스려 줄 것이라는 전설
을 믿었다. 그는 마을 어귀에 있는 큰 바위 얼굴 동상을 바라보며 꿈
을 키웠다. 그러면서 큰 바위 얼굴과 동일한 얼굴에, 동일한 성품

을 지닌 인물이 되어갔다. 그렇다. 우리는 바라보는 대상을 닮게 돼 있다.

부부의 꿈, 가정의 꿈도 크게 갖자. 부부 항해에서, 가족 항해에서도 닻을 어디에 내리느냐는 중요한 일이다. 그래서 나는 부부 상담을 강의할 때는 부부 비전 선언문을, 가족 관계학을 강의할 때는 가족의 비전 선언문을 작성해 오라고 과제를 낸다.

학생들은 가족 비전 선언문을 만들어 붙여놓고 가정이 달라졌다고 고백한다. 학생들이 과제물로 낸 주옥같은 선언문을 언젠가는 책으로 묶어서 여러 사람과 나누고 싶다. 닻이 없어 망망대해에서 표류하는 이 땅의 가정에 비전의 닻을 주기 위하여, 무너져 가는 지구촌 가정에 꿈을 주기 위하여……

존 고다드는 인생 쇼핑 리스트를 적으며 꿈을 키웠다. 탐험 장소로 이집트의 나일 강과 남미의 아마존 강을, 원시 문화 답사지로 중앙 아프리카의 콩고와 뉴기니 섬을, 등반할 산으로 에베레스트 산(8,848m)과 아르헨티나의 아곤카과 산(안데스산맥의 최고봉)을 적었다.

또 탐험 분야에서 많은 경력을 쌓고 의료 활동과 비행기 조종술을 배우기로 했다. 여행할 장소로는 남극과 북극, 그리고 중국 만리장성을, 해낼 일로는 전 세계 모든 국가를 한 번씩 방문할 것(현재 30개 나라가 남았음)을 꼽았다. 이밖에 말, 침팬지, 치타, 오실롯(고양이과

〈자리〉

야생 동물), 코요테를 키워볼 것(아직 침팬지와 치타가 남았음), 저서 한 권 갖기(나일 강에 관한 책을 출판), 〈내셔널지오그래픽〉 지에 기사 싣기, 코모도 섬에 가서 날아다니는 도마뱀의 생태를 연구할 것(섬에 접근하다가 20마일 해상에서 보트가 뒤집히는 바람에 실패했음), 《브리태니커 백과사전》 전권 읽기(각 권의 대부분을 읽었음) 등을 리스트에 적었고 실천에 옮겼다.

언젠가 S 대학 인기 교수인 J 교수 내외와 이야기 나누다가 이런 이야기를 들었다. 대학생들에게 꿈을 꾸라 하니, 꿈이 없는 학생들이 많더라는 이야기다. 엄마의 꿈을 대신 꾸는 학생들은 겸연쩍게 "교수님, 꿈꾸는 방법을 가르쳐 주십시오." 하더란다. 교수는 학생들과 토론한 결과, 학생들에게 인생에서 중요한 여섯 가지를 반드시 찾으라고 했다. 그것은 바로 독서, 여행, 일기, 대화, 봉사, 사랑이다.

오래전에 케네디 국제공항에서 은행 광고를 보고 그날 이후 그 문구가 나의 좌우명이 됐다. 바로 '보이지 않는 저 너머를 보라(Look beyond the obvious)'다.

한 해가 지나면 나는 칠순이 된다. 이 나이에도 나는 숲속의 새가 되고 싶다. 새장의 새는 맹수에게 잡히지도 않고, 먹이를 구하지 않아도 굶지 않는다. 하지만 나는 맹수에게 잡아먹히거나 굶어 죽을 위험이 따르더라도 새장 속의 새가 아닌 숲속의 새가 되고 싶다.

롱펠로는 '바닷속엔 진주가, 하늘에는 별들이, 내 마음속엔 사랑이'라고 노래했다. 우리 마음속에 꿈이 있다면 진주, 별, 사랑 모두 품을 수 있다. 19세기 최고의 시인 롱펠로에게는 두 명의 아내가 있었다. 첫 번째 부인은 오랜 투병 생활을 하다가 외롭게 숨졌고, 두 번째 부인은 부엌에서 화재가 발생해 비참한 최후를 마쳤다. 이런 절망적인 상황에서도 롱펠로의 시(詩)는 아름다웠다. 죽음을 앞둔 롱펠로에게 한 기자가 물었다. "숱한 역경과 고난을 겪으면서도 당신의 작품에는 진한 인생의 향기가 담겨 있습니다. 그 비결이 무엇입니까?" 롱펠로는 마당의 사과나무를 가리키며 말했다. "저 나무가 나의 스승이었습니다. 저 나무는 매우 늙었습니다. 그러나 해마다 단맛을 내는 사과가 주렁주렁 열립니다. 그것은 늙은 나뭇가지에서 새순이 돋기 때문입니다."

삶에서 3M을 만나야 한다고 한다. 배우자(Mate), 스승(Mento), 비전(Mission)이다. 홈 빌더, 비전 빌더, 실버 빌더의 꿈을 품고 여덟 명의 친구와 함께 세운 연합가족상담연구소. 나에게는 이 연구소를 세상에서 가장 따뜻한 상담소로 만들고 싶은 꿈이 있다. 그리고 남편과 처음 만났을 때처럼 언제까지나 변치 않는 우정으로 서로의 반쪽이 되고 싶은 꿈을 꾼다.

고희가 가까워도 내 꿈의 계절은 아직도 푸르고 푸른 계절을 지나
고 있다.

〈오리를 타고 가는 남자〉

귀족 칭호가 필요 없던 윈스턴 처칠

대안 학교를 설립하는 꿈을 안고 국내외 유명 학교를 벤치마킹하던 시절이었다. 영국의 헤로우 스쿨(Harrow School)를 연구하다가 이 학교를 졸업하고 대영제국을 주름잡던 대정치가이며 노벨 문학상을 수상한 처칠에 관한 기사를 읽었다.

남편을 따라서 5년간의 주재원 생활을 마치고 런던을 떠나오며 나는 생각했다. 누가 나에게 영국을 대표할 수 있는 세 사람을 꼽으라고 물으면 누구라고 할까? 첫째는 영국이 낳은 세계적인 문호 셰익스피어다. 그는 모국어인 영어의 위상을 높였다. 또한 영국인들이 "셰익스피어를 인도와도 바꾸지 않겠다."는 말을 할 만큼 그는 국민의 사랑을 받았다. 둘째로는 영국의 형식적 주권자인 엘리자베스 2세 여왕이다. 스물여섯 살 꽃다운 공주로서 여왕의 자리에 오른 후, 60년 임기 동안 스무 명의 재상을 거느리며 그 누구도 필적할 수 없는 경험과 지혜를 보여주었다. 마지막으로 영국의 국민적인 영웅이며 1965년 타계할 때까지 영국 정치의 주인공이었던 윈스턴 처칠이다.

처칠의 용기가 없었다면 유럽의 지도는 지금과는 아주 판이했을 것이다. 1940년 여름, 영국은 풍전등화 속에 있었다. 영국 국민은 전의를 상실하고 말았다. 그러나 처칠의 용기로 다시 일어섰다. 나치 반대 투쟁에 미국을 끌어들여서 연합군이 승리할 수 있도록 이끈 처칠의 용기 때문이리라. 처칠은 "우리는 실패할 수 없기에 승리할 수밖에 없다."라는 유명한 말을 남기며 온 국민과 연합군에게 용기를 주었다.

처칠의 위대한 면모는 크게 세 가지로 요약할 수 있다.

첫째, 처칠에게는 귀족 칭호가 필요하지 않았다. 처칠이 수상직을 내놓고 정계를 은퇴했을 때 여왕은 그에게 백작 신분을 내려 그를 귀족으로 봉하려 하였다. 전례 없는 명예였다. 하지만 처칠은 거절했다. 그는 칭호나 사회적 인정이 필요 없는 존재였다.

둘째, 처칠은 웨스트민스터 성당에 묻히고자 하지 않았다. 처칠은 위인만 묻힌다는 웨스트민스터 성당에 묻히는 것을 굳이 사양하고 어릴 때 다니던 교회에 묻어달라고 유언했다. 그는 모든 사람이 묻히고 싶어 하는 웨스트민스터 성당에 묻힐 필요가 없는 존재였다.

셋째, 처칠은 유산을 상속할 필요성도 느끼지 못했다. 처칠은 런던 동남쪽에 있는 아름다운 차트웰 땅, 그가 어릴 때부터 살던 8백 에이커의 광활한 블레넘 궁전을 내셔널 트러스트에 넘겼다. 그리고 자신은 한 평의 땅에 묻혔다.

처칠이 명예, 사람들의 인정, 재물에서 자유로울 수 있던 힘은 어디서 나왔을까?

그의 인생은 남에게 보이는 모습에만 마음을 쓰는 피에로 같은 인생이 아니었다. 항상 코람데오(Coram Deo, 신 앞에서) 의식을 갖고 의연하게 살았다. 처칠 같은 국민적 영웅, 믿고 따를 수 있는 지도자가 나타나 우리를 끌어준다면 얼마나 행복할까?

어떻게 하면 그러한 꿈이 현실이 될까? 교육을 통해서 가능하다고 생각한다. 아니, 그 길만이 유일한 길이라고 생각한다. 그러면 어떠한 교육을 통해서 가능할까?

우리에게 절실하게 필요한 교육은 신을 만나고 이웃을 섬기고 나를 키우는 입체적인 교육이다. 가장 먼저 신을 만나야 한다. 신을 만나고 난 이후에는 더 이상 사람의 평가가 기준이 되지 않을 것이다. 이웃을 섬기고자 하는 비전을 만나야 한다. 교육의 과제는 개인적 자아(personal self)에서 공적인 자아(impersonal self)로 나아가는 것이다. 삶의 성공 비결이 나눔과 섬김이라는 교육이 이루어진다면 타인에게 베풀 줄 아는 인재가 쏟아져 나올 것이다.

　이 모든 교육은 실제로 어떻게 구체화 될 수 있을까? 사고하는 교육을 통해서 가능할 것이다. 사고하게 하는 교육 방법에는 어떤 것이 있을까? 지금 내가 쓰고 있는 것처럼 경험 보고서 등을 통해서 꼬리에 꼬리를 물고 사고의 늪으로 빠지는 훈련이 그런 범주에 속할 것이다. 자아 성찰과 타인 이해의 해답이 있는 일기 쓰기도 큰 역할을 한다.

　또한, 교육 평가 도구도 지식의 진리 조건(the truth condition of knowledge)이 아닌 지식의 증거 조건(the evidence condition of knowledge)이 되어야 한다. 예를 들면 탐정소설 속의 명탐정처럼 개별적인 사건들을 조직해서 특정 사건을 엮어내는 논리적인 사고력이 필요하다. 다시 말하면 전달된 사실을 기억하는 것에 따른 평가가 아니라 그 사실에 근거해서 판단하는 능력을 갖추어야 한다.

바람이 하프를 연주하다

독일의 한 남작이 자신의 성곽 두 탑 끝을 여러 가닥의 철사로 연결했다. 바람이 그 줄들에 부딪혀 아름다운 소리를 내는 거대한 바람 하프를 만들기 위해서다. 하프가 완성되었지만 하프는 아무런 소리도 내지 못했다.

그때 뒷산에서 부드러운 미풍이 불어왔다. 그때야 하프는 가냘프고 아름다운 음악을 연주하기 시작했다. 그리고 겨울이 되어 거센 바람이 하프의 줄을 강하게 때리자 바람 하프는 장엄한 음악을 연주하며 그 아래 골짜기를 가득 메웠다. 폭풍이 가장 거셀 때 하프는 가장 아름다운 음악을 들려주었다. 우리 삶도 이 바람 하프처럼 격렬한 폭풍우가 몰아칠 때 가장 아름다운 연주를 할 수 있다.

〈Back IX〉

미국 역사에서 가장 존경받는 대통령이 에이브러햄 링컨이라면, 영국 역사의 내로라하는 왕 중에서 가장 존경받는 왕은 누구일까? 알프레드 대왕이다.

그는 천 년 전, 세계를 향한 영국 영향력의 기초를 세우고 영어를 세계 공통어로 만든 통일 왕이다. 정복하는 곳마다 성전을 세우고 성서를 번역하고 복지 국가를 만들어 나중에는 바이킹들이 싸우기도 전에 그 귀한 지도력으로 자신들을 다스려 달라고 백기를 들었다고 한다.

알프레드 대왕이 영국 역사에 가장 존귀한 왕으로 꼽히는 데에는 이유가 있다. 그는 20세에 즉위하여 50세를 일기로 생을 마칠 때까지 위대한 리더십을 발휘했다. 그 계기는 바로 결혼식 날 발작을 일으킨, 평생을 따라다니면서 괴롭혔던 병명도 모르는 질병 때문이다. 역경이 위대한 지도자를 탄생시킨 것이다.

미국 역사상 최고의 대통령인 링컨의 생애 역시 폭풍우가 부는 삶이었다. 그의 가족은 집을 잃고 길거리로 쫓겨났고 링컨은 혼자 힘으로 가족을 먹여 살려야 했다. 훗날 그는 사업에 실패하고 주 의회 선거에 낙선했다. 친구에게 빌린 돈으로 사업을 시작했으나 완전히 파산했다. 이때 진 빚을 갚기 위해서 그는 17년 동안 일해야 했다.

1836년 극도의 신경쇠약증에 걸려서 병원에 6개월간 입원했고

주 의회 대변인 선거에 패배, 그리고 부통령 선거위원에 낙선, 다시 1843년 미국 하원의원에 출마했으나 패배했다. 1946년에는 하원 의원 당선되었으나 1848년 하원 의원 재선거에 패배했다.

1849년에 고향으로 돌아가서 국유지 관리인이 되고자 했지만 그마저도 받아들여지지 않았다. 1854년 미국 상원의원에 출마했으나 패배, 1856년 부통령 후보 지명전에 출마했으나 100표 차이로 패배, 1858년 상원의원 재출마에 또 패배했다. 그러나 드디어 1860년 미국 대통령에 당선된다. 역경을 딛고 일어났기에 링컨의 리더십은 순결하고 고귀하다.

중국에서는 아이가 태어나면 젖을 먹이기 전에 5향(五香) 의식을 치른다. 다섯 가지 맛을 먼저 보게 하는 것이다. 첫 번째는 초 한 방울을 혀에 묻혀 주고, 두 번째는 소금을 혀끝으로 핥게 한다. 세 번째는 씀바귀의 흰 즙을 묻혀 주고, 네 번째는 가시로 혀끝을 찔러 아프게 한다. 다섯 번째는 사탕을 핥게 해서 단맛을 보게 한다. 이런 모습을 미국 선교사가 보고 '신생아를 학대하는 원시적인 악습'이라고 비판했다. 그러자 중국의 석학 린위탕은, '서양 문명이 인생을 보는 한계를 그것을 보아 알 수 있다.'라고 반론했다고 한다.

옛날 우리나라도 정초 시식 때는 아이들에게 고들빼기와 씀바귀 나물을 먹였다. 인생의 맵고 짜고 쓰고 아픈 맛을 감내하지 못하면 어떻게 단맛을 느낄 수 있겠냐는 조상의 가르침이다.

　미국 역사의 최고 인기 대통령 링컨도, 영국 역사에서 최고로 존경받는 알프레드 대왕도 역경지수가 높은 삶을 살았고 그래서 존경받는 인물이 될 수 있었다.

　누구보다도 삶이 불행한 사나이가 있었다. 그는 세 살도 못 되어 고아가 됐고 어떤 상인의 집에 양자로 갔다. 열일곱 살 때는 대학에 입학하였으나 양부로부터 학비를 받지 못해서 학교를 그만두었다. 그 무렵 선천성 심장병으로 죽을 고생을 했다. 이 사람은 스무 살 때부터 20년 동안 가난과 질병의 고통과 싸우면서도 시와 소설, 그리고 날카로운 비평 등을 남겼다. 이 사나이가 바로 에드거 앨런 포다. 프랑스의 유명한 소설가 보들레르는 그의 작품을 읽고 놀라서 "내가 평생 쓰고 싶었던 작품을 포가 썼다."라고 극찬했다. 포의 생을 생각하면 "시냇물은 자갈이 있어야 노래를 부른다"는 글귀가 생각난다.

　고아이며 시각 장애인인 강영우 박사의 삶이 빛나는 것도 그에게 휘몰아친 폭풍우 때문이다. 그는 죽으면서 고백했다. 내 삶에 휘몰아친 장애로 꿈도 꿀 수 없는 예쁜 아내와 결혼했고 온 세계를 누비며 강연을 할 수 있었다고.

전쟁에서 오른손을 잃은 피아니스트 비트겐슈타인(Wittgenstein)은 〈왼손을 위한 소나타〉를 작곡하고 연주해서 천재성을 인정받았다. 이 또한 그의 삶에 불어 닥친 폭풍우 덕분이다.

그렇다. 잔잔한 바다는 노련한 사공을 만들 수 없다.

지나친 햇볕은 사막을 만들 뿐이다(Too much sunshine makes a desert).

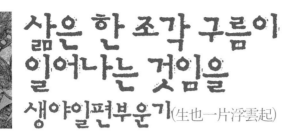

삶은 한 조각 구름이
일어나는 것임을
생야일편부운기(生也一片浮雲起)

지난겨울 제주도에 다녀왔다. 올레길도 걸어보고 서답하는(빨래하는) 애기 어멍 조각도 만져보고 놀멍, 쉴멍, 걸으멍 모처럼 느껴보는 안식, 사바트(Sabbath)의 시간이었다.

김영갑 사진 갤러리를 방문했다. 지독하게 사랑했던 아름다운 제주 오름을 루게릭병을 앓으면서 더 이상 그릴 수 없어서 힘들어했던 그…….

비행기를 타고 높이높이 올라가 위에서 아래를 보라.

5층 집도 1층 집도 모두 조그맣게 보이지 않는가.

그렇다. 영겁의 시간 속에서 70년을 살든 90년을 살든 그것이 뭐가 그렇게 큰 차이가 있을까?

삶의 유한함을 안타까워했던 그에게 미완성인 우리네 삶, 그저 그대로 아름다운 것이 아니겠냐고 말해주고 싶었다.

생야일편부운기(生也一片浮雲起)
사야일편부운멸(死也一片浮雲滅)

삶은 한 조각 구름이 일어나는 것이요,
죽음도 한 조각 구름이 스러지는 것임을…….

삶까지도 소유하지 않으려 했던 무소유의 법정 스님의
마지막 가시던 길을 보면서
예수님을 몰라서 구원은 받지 못했더라도
철저하게 소유에서 벗어났던 그 힘이
모든 집착이 괴로움이라는 지혜가
아름답게 느껴졌다.

나 하늘로 돌아가리라

새벽빛 와 닿으면 스러지는

이슬 더불어 손에 손을 잡고,

나 하늘로 돌아가리라

노을빛 함께, 단둘이서

기슭에서 놀다가 구름 손짓하면은,

나 하늘로 돌아가리라

아름다운 이 세상 소풍 끝나는 날

가서, 아름다웠다고 말하리라

천상병 시인의 〈소풍〉이란 시의 시구처럼 잠시 소풍 나온 우리네 삶이다. 소풍 나온 삶, 하루하루가 그냥 아름다운 것이리라.

하늘의 달을 따려다가 발밑의 아름다운 수선화를 보지 못하는 것이 나의 모습이 아닌가?
아침마다 나 자신에게 말한다.
인생은 경주가 아니라 매 순간이 삶인 것을….

〈끌림〉

다만 하루하루를 순례자의 영성으로 살아낸다면 그 하루는 어느 시인의 기도처럼 "들판처럼 부유하고 그 한 해는 강물처럼 넉넉할 수 있을 것"이리라.

오리 가족의 사계

　나의 별명은 오리입니다. 신혼 때부터 무엇인가 못마땅할 때면 입을 오리처럼 쑥 내민다 하여 남편이 붙여준 별명입니다.

　붉은 감이 익어가던 계절이었습니다.
　스물네 살 덜 익은 홍시의 수줍음으로 당신을 만났습니다.
　강아지풀 숲, 가위바위보,
　강아지풀 하나씩 건네주며
　우리 사랑은
　초록 숲속에서 그렇게 익어갔습니다.
　이제 노을빛 맞으며 언덕을 내려갑니다.
　40여 성상 당신이 베풀어 준 크고 작은 사랑
　그저 나의 작은 두 손으로 받을 뿐이었습니다.

이제 그 사랑, 초록빛 사랑, 푸른빛 사랑 되어
곱디고운 향 가득한 꽃등으로
마음에 걸어놓고 있습니다.

봄
20대, 사랑의 계절
첫사랑 당신을 만나
당신하고 함께하는 일마다
남들 보기엔 별일 아닌 것 같아도
나에겐 모두가 귀중한 별일이 되던 시절이었습니다.

여름
30대, 시련의 계절
생명보다 사랑하는 아들을 천국에 보내고
하루를 버틸 힘이 없을 때
당신은 그 어느 때보다도
단단히 붙들어 주었습니다.

가을
40 · 50대, 안식과 비전의 계절

당신은 나를 당신의 소유물로서가 아니라
한 존재로 사랑해 주었습니다.
마치 '아내 잘 해주기 경연대회' 나온 사람처럼
당신은 아내 안에 작은 보석을 캐내는
광부였답니다.
비전을 붙들게 했고
통곡으로 얼룩진 내 삶을
하늘빛 희망으로 칠하고
하늘 향해 날아갈 날개를 달아 주었습니다.

겨울
이제 60대, 그리고 당신은 70대,
당신의 은빛 머리에서 세월의 무게를 봅니다.
우리의 남은 항해
하늘사랑 가득한 곳 바라보게 하소서.
하늘의 뜻으로만 채우게 하소서.
하늘의 가치로만 맺음하게 하소서.

오리의 서재에서 **엄정희**

생애 주기별 가족 이슈 처방전

가족의사계

지은이 | 엄정희
펴낸이 | 엄정희
1판 1쇄 | 2018년 3월 1일

펴낸곳 | 연합가족상담연구소
그림 | 공숙자   **진행** | 박상란
교정교열 | 양민영   **디자인** | 황지은

출판등록 | 제2017-000141호
등록번호 | 220-10-21520
주소 | 서울특별시 강남구 테헤란로 322, 1411-1417호(역삼동 한신인터벨리24)
전화 | 02- 529-6005
팩스 | 02- 3459-8005
이메일 | joungheeuhm@hanmail.net

ISBN | 979-11-962972-0-6 03180

「이 도서의 국립중앙도서관 출판예정도서목록(CIP)은 서지정보유통지원시스템 홈페이지(http://
seoji.nl.go.kr)와 국가자료공동목록시스템(http://www.nl.go.kr/kolisnet)에서 이용하실 수 있
습니다.(CIP제어번호: CIP2018002660)」

※ 가격은 뒤표지에 있습니다.
※ 잘못된 책은 구입하신 서점에서 바꾸어 드립니다.